Learn Greek II
Parallel Text
Short Stories
Greek - English

Copyright © 2015
Polyglot Planet Publishing

www.polyglotplanet.ink

© Polyglot Planet

About this Book

Learning Greek II with parallel text is the most rewarding and effective method to learn a language. Existing vocabulary is refreshed, while new vocabulary is instantly put into practice. The Greek grammar easily sinks in through our cleverly written and well formatted stories - each sentence has been translated line by line making it easy to follow. No dictionary is needed.

Recommended for beginners with a good basis of Greek vocabulary- , intermediate level learners of Greek and as a refreshers course. Our easy stories contain European culture and characters. The stories have been written to keep the readers attention and are fun to read for you to learn through your motivation.

Table of Contents

PARALLEL TEXT	5
Parallel Text - Ηνωμένες Πολιτείες... "επί τροχών"	6
Parallel Text - Το Φεστιβάλ "Κυνήγι του Τυριού"	19
Parallel Text - Σχέσεις στην Ιαπωνία	29
Parallel Text - Το Erasmus μου στη Γερμανία	42
GREEK	54
Ηνωμένες Πολιτείες..."επί τροχών"	55
Το Φεστιβάλ "Κυνήγι του Τυριού"	61
Σχέσεις στην Ιαπωνία	66
Το Erasmus μου στη Γερμανία	72
ENGLISH	77
United States..."on wheels	78
The Cheese Rolling Festival	83
Relationships in Japan	87
My Erasmus in Germany	92
Recommended Books	96
Copyright	97

PARALLEL TEXT

Ηνωμένες Πολιτείες..."επί τροχών"
United States..."on wheels"

Το όνομα μου είναι Σουζάνα και είμαι είκοσι οκτώ ετών.
My name is Susana and I am twenty-eight years old.

Ζω σε μια πόλη στην Καταλονία, τη Χιρόνα.
I live in a city in Catalonia, Girona.

Βρίσκεται βόρεια της Βαρκελώνης, μόλις μία ώρα οδικώς.
It is in the north of Barcelone, just an hour to drive by car.

Είναι μία από τις πιο όμορφες, πιο ήσυχες και αρχαιότερες πόλεις της Καταλονίας.
It is one of the most beautiful, quietest and oldest cities of Catalonia.

Αν έχετε την ευκαιρία να την επισκεφθείτε, μην παραλείψετε να επισκεφθείτε το κέντρο: μοιάζει σαν να ζείτε ακόμα στον Μεσαίωνα!
If you have the chance to visit it, do not miss to visit the center: it seems like we are still living in the Middle Ages!

Μου αρέσει να ταξιδεύω, αλλά καθώς έχω τη δική μου επιχείρηση, δεν μπορώ να ταξιδεύω συχνά.
I love to travel, but as I run my own business, I cannot

travel frequently.

Είναι κρίμα, αλλά πάντα πρέπει να δίνω προσοχή στην επιχείρηση μου.
It's a pity, but I always have to pay attention to my firm.

Λοιπόν, στην πραγματικότητα είναι μια μικρή οικογενειακή επιχείρηση: ένα εστιατόριο.
Well, actually it is a small family business: a restaurant.

Το εστιατόριο ιδρύθηκε από τους παππούδες μου πάνω από 60 χρόνια πριν.
The restaurant was founded by my grandparents over sixty years ago, incredible, isn't it?

Απίστευτο, έτσι; Ωστόσο, ήμουν τυχερή και μπόρεσα να κλείσω το εστιατόριο για μερικές ημέρες μετά το καλοκαίρι.
However, last year I was lucky and was able to close the restaurant some days after the summer.

Επιτέλους θα έκανα τις διακοπές που μου άξιζαν!
Finally I should have my deserved vacation!

Τώρα, με τόσους πολλούς ενδιαφέροντες και υπέροχους προορισμούς... πού να πάω;
Now, with so many interesting and wonderful destinations... Where to go?

Ένα από τα όνειρά μου ήταν να γνωρίσω την "Άγρια Δύση" της Αμερικής.
One of my dreams was to get to know the "Wild West" of America.

Όταν ήμουν μικρό κορίτσι, οι παππούδες μου με πρόσεχαν στο εστιατόριο και μου έβαζαν γουέστερν ταινίες στην τηλεόραση μετά το μεσημεριανό γεύμα.
When I was a little girl, my grandparents took care of me in the restaurant and used to put Western films on the TV after lunch.

Τις έβλεπα όλες και διασκέδαζα πολύ ενώ έκανα τα μαθήματά μου ή καθώς έτρωγα ένα σνακ...Γι' αυτό το λόγο αποφάσισα να πάω στα Δυτικά των Ηνωμένων Πολιτειών.
I watched them all and had a lot of fun while doing my homework or having a snack...That's why I decided to go to the West of the United States.

Είχα πολλούς φίλους που είχαν ήδη πάει εκεί και ζήλευα όλες τις ιστορίες τους, αλλά η συμβουλή τους ήταν πολύ χρήσιμη για μένα.
I had a lot of friends who had already been there and I was jealous of all their stories, but their advice were very useful to me.

Η καλύτερη μου φίλη η Μάρτα μπορούσε επίσης να έρθει μαζί μου.
My best friend Marta could also come with me.

Είναι δασκάλα και ήταν θαύμα το ότι είχαμε διακοπές την ίδια περίοδο εκείνο το χρόνο!
She is a teacher and it was a miracle that we had vacation at the same time that year!

Χάρη στο διαδίκτυο, σήμερα είναι πολύ εύκολο να ετοιμάσει κάποιος ένα ταξίδι στη Δύση των

Ηνωμένων Πολιτειών.
Thanks to the internet, today it is really easy to prepare a trip to the west of the United States.

Αν μιλάτε ισπανικά, υπάρχουν μερικές ιστοσελίδες οι οποίες είναι πολύ χρήσιμες για να κανονίσετε ταξίδια, το αγαπημένο μου είναι το losviajeros.
If you talk Spanish, there are a few websites which are very useful to prepare trips, my favourite one is losviajeros.

Γιατί μου αρέσει τόσο πολύ;
Why I like it so much?

Επειδή είναι ένα φόρουμ όπου πραγματικοί ταξιδιώτες που έχουν επισκεφτεί τους προορισμούς αυτούς μοιράζονται τις εμπειρίες τους, κάνουν σχόλια, λένε τη γνώμη τους, κόλπα και συμβουλές... Αυτό είναι πολύ χρήσιμο.
Because it´s a forum where real travellers who have visited those destinations share their experience, make comments, give their opinion, tricks and advice... That's very useful.

Προετοίμαζα το ταξίδι και έκανα κρατήσεις ολόκληρη την εβδομάδα: ξενοδοχεία, μοτέλ και πτήσεις, φυσικά.
I was preparing the trip and booking everything during a whole week: hotels, motels and the flights, of course.

Δε μου αρέσει η οδήγηση και ούτε στη φίλη μου τη Μάρτα, έτσι προσπάθησα να κλείσω εισιτήρια για τρένα, λεωφορεία και άλλα μέσα μεταφοράς

για να ταξιδεύουμε από τη μία τοποθεσία στην άλλη... Τώρα αυτό ήταν πραγματικά δύσκολο!
I don't like driving and neither does my friend Marta, so I tried to book tickets for trains, busses and other means of transport to travel from one site to another... Now that was really difficult!

Τότε διάβασα σε ένα φόρουμ ότι... ο καλύτερος τρόπος για να μετακινηθεί κάποιος στις Ηνωμένες Πολιτείες είναι η οδήγηση!
Then I read in a forum that... The best manner to move across the United States is driving!

Εκείνη τη στιγμή το ταξίδι μας φαινόταν ότι βάδιζε προς την αποτυχία.
In that moment our trip seemed to fail.

Η Μάρτα και εγώ ήμασταν απαίσιες οδηγοί.
Marta and I were terrible drivers.

Τι μπορούσαμε να κάνουμε;
What were we able to do?

Η Μάρτα μου είπε ότι δεν θα ήταν καθόλου πρόβλημα.
Marta said that it wasn't a problem at all.

Ήταν σίγουρη ότι μαζί θα μπορούσαμε να περάσουμε καλά οδηγώντας το αυτοκίνητο.
She was sure that together we could even have fun when driving a car.

Ωστόσο, έτσι προληπτικά, κάναμε εξάσκηση για μερικές ημέρες πριν από το ταξίδι.
But, just in case, we practiced some days before our

voyage.

Δεν θέλαμε τίποτα να πάει στραβά!
We didn't want anything going wrong!

Όταν φτάσαμε στις Ηνωμένες Πολιτείες, πρώτα παραλάβαμε το ενοικιαζόμενο αυτοκίνητο μας.
When we arrived in the United States, we first picked up our rental.

Έχουμε ένα αυτοκίνητο μόνο για μας!
We have a car just for us!

Ήμασταν χαρούμενες, ενθουσιασμένες και γεμάτες προσδοκίες!
We were happy, excited and full of expectations!

Φαινόταν σαν η πτήση που διήρκεσε δεκατρείς ώρες να ήταν μόνο δύο.
It seemed that the flight of thirteen hours had passed in only two.

Είχαμε χιλιάδες χιλιόμετρα μπροστά μας και θέλαμε να ξεκινήσουμε όσο το δυνατό νωρίτερα!
We had thousands of kilometres in front of us and wanted to start the earlier, the better!

Όταν φτάσαμε στο γραφείο ενοικίασης αυτοκινήτων, σχεδόν λιποθυμήσαμε.
When we arrived to the office of the car rental, we almost fainted.

Υπήρχε μια τέτοια μεγάλη ουρά ανθρώπων και μας είπαν ότι θα χρειαστεί τουλάχιστον μια ώρα

για να πάρουμε το αυτοκίνητό μας!
There was such a big queue of people and we were told that it would take at least an hour to get our car!

Ήταν πολύ βαρετά.
That was very boring.

Γιατί τόσοι πολλοί άνθρωποι ήθελαν να νοικιάσουν αυτοκίνητο;
Why were there so many people renting a car?

Στην Ισπανία δεν είναι πολύ συχνή η ενοικίαση αυτοκινήτου για ένα ταξίδι.
In Spain it is not very common to hire a car on a trip.

Συνήθως το κάνουμε όταν ταξιδεύουμε σε ένα νησί, για παράδειγμα.
We usually do it when we travel to an island, for instance.

Αλλά στα υπόλοιπα μέρη, υπάρχουν πολλά τρένα και λεωφορεία που σας πάνε όπου θέλετε να πάτε.
But at the rest of places, there are a lot of trains and busses taking you wherever you want to go.

Ανακαλύψαμε σύντομα γιατί τόσοι πολλοί άνθρωποι ήθελαν ένα αυτοκίνητο, οι Ηνωμένες Πολιτείες είναι μια τεράστια έκταση!
We discovered soon why so many people wanted a car, the United States are enormous!

Και προς έκπληξή μας, δεν υπάρχει σύστημα δημοσίων μεταφορών με τέτοια συχνότητα και ποικιλία όπως στην Ισπανία.
And to our surprise, there is no public transport

system with such a frequency and variety as in Spain.

Γι' αυτό το λόγο χρειάζεστε ένα αυτοκίνητο για να μετακινηθείτε σε ολόκληρη τη χώρα, ή τουλάχιστον είναι πολύ καλύτερα να έχετε ένα: μπορείτε να ταξιδέψετε πιο γρήγορα και πιο άνετα εκεί που θέλετε να πάτε.
That's why you need a car to move across the country, or at least it is much better to have one: you can travel faster and in a more comfortable way wherever you want to go.

Τελικά φτάσαμε στο γκισέ.
Finally we arrived at the counter.

Η φίλη μου η Μάρτα μιλάει πολύ καλά Αγγλικά και καταλαβαίναμε απόλυτα την κοπέλα που μας εξυπηρετούσε στο γκισέ.
My friend Marta talks English very well and we understood ourselves perfectly with the girl who was serving us at the counter.

Σε λίγα λεπτά, πήραμε τα κλειδιά του αυτοκινήτου μας.
In a few minutes, we received the keys of our car.

Είχαμε κάνει κράτηση για ένα μικρό αυτοκίνητο, που θα ήταν αρκετό για εμάς τις δύο... αλλά τι ψέμα!
We had booked a small car, that was enough for the two of us... but what a lie!

Πήραμε ένα τεράστιο κόκκινο SUV!
We got an enormous red SUV!

Πιστεύαμε ότι ήταν λάθος, αλλά στην πραγματικότητα εμείς είχαμε κάνει λάθος.
We thought it was a mistake, but actually we had been mistaken.

Το κορίτσι στο γκισέ μας επισήμανε ότι είχαν εξαντληθεί τα μικρά αυτοκίνητα και ότι έπρεπε να μας δώσει αυτό το γιγάντιο αυτοκίνητο.
The girl at the counter had adverted that they had run out of small cars and that they had to give us that giant car.

Ξέρετε... Γλωσσικά θέματα.
You know... Language issues.

Σχεδόν έπρεπε να "σκαρφαλώσουμε" για να μπούμε σε αυτό το τεράστιο αμάξι.
We almost had to "climb" to get into that huge car.

Στο εσωτερικό, κοιτούσαμε έκπληκτες όλα τα πράγματα που διέθετε το αυτοκίνητο: GPS, ραδιόφωνο, δορυφορική τηλεόραση και μια κάμερα για να βλέπουμε να παρκάρουμε!
Once inside, we stared in wonder at all the things the car had: GPS, radio, radio by satellite and a camera to see how to park!

Στην Ισπανία, ένα αυτοκίνητο σαν αυτό θα ήταν μια πραγματική πολυτέλεια, τα αυτοκίνητά μας συνήθως δεν έχουν κανένα από αυτά τα "επιπλέον πράγματα".
In Spain, a car like this would have been a real luxury, our cars usually don't have any of these "extras".

Η Μάρτα ξεκίνησε το αυτοκίνητο και... Μισό

λεπτό!
Marta started the car and... Just a second!

Πού είναι ο συμπλέκτης;
Where is the clutch?

Και το κιβώτιο ταχυτήτων;
And the gear box?

Δεν μπορούμε να προχωρήσουμε!
We cannot move!

Αυτή ήταν η πρώτη μας έκπληξη...
That was our first surprise...

Στις Ηνωμένες Πολιτείες, σχεδόν όλα τα αυτοκίνητα είναι αυτόματα!
In the United States, almost all cars are automatic!

Στην Ισπανία είναι απλά το αντίθετο!
In Spain it's just the other way round!

Παρόλα αυτά, οφείλω να ομολογήσω, ... Ότι είναι πολύ πιο άνετα να οδηγείτε ένα αυτοκίνητο με "αμερικανικό στυλ" και μου λείπει πολύ όλα να είναι τόσο εύκολα.
Nevertheless, I have to admit ... That it is much more comfortable to drive a car with "American style" and I miss a lot that everything is so easy.

Μετά από αυτές τις λίγες στιγμές σύγχυσης, ξεκινήσαμε.
After these few moments of confusion, we got on the road.

Είχαμε φτάσει στο Λος Άντζελες και ο πρώτος μας προορισμός ήταν η παραλία, θέλαμε να κοιμηθούμε στη Santa Barbara.
We had landed in Los Angeles and our first destination was the beach, we wanted to sleep at Santa Barbara.

Οι εκπλήξεις δεν σταμάτησαν εκεί: πόσο τεράστιοι ήταν οι δρόμοι!
The surprises didn't stop: how huge the roads were!

Περισσότερες από τέσσερις ή πέντε λωρίδες είναι κάτι συνηθισμένο για τους αυτοκινητόδρομους στις Ηνωμένες Πολιτείες, ενώ εμείς απλά έχουμε δύο λωρίδες στην Ισπανία, ή ίσως και τρεις.
More than four or five lanes is usual for highways in the United States, meanwhile we just have a pair of lanes in Spain, or maybe three.

Μετά τις πρώτες αστείες αυτές στιγμές, χαθήκαμε μερικές φορές και τελικά καταλήξαμε στη Santa Barbara.
After these first funny moments, we got lost a few times and finally reached Santa Barbara.

Περάσαμε μερικές υπέροχες μέρες εκεί, αλλά έπρεπε να φύγουμε από εκεί σύντομα καθώς θέλαμε να περάσουμε μερικές νύχτες στο Λας Βέγκας.
We spent a few wonderful days there, but had to break up soon as we wanted to spend some nights in Las Vegas.

Όταν φύγαμε, οδηγήσαμε χωρίς ξέρουμε καλά

σε ένα δρόμο με λιγότερη κίνηση.
When we left, we drove without knowing well into a road with less traffic.

Σε ορισμένα σημεία υπήρχε κάτι που έδειχνε δολάρια... Ίσως να ήταν ένας δρόμος με διόδια;
On some signs there was something indicating dollars... Maybe it was a toll road?

Δεν είχαμε την παραμικρή ιδέα.
We didn't have a clue.

Μετά από λίγη ώρα, φτάσαμε σε ένα μέρος με πολύ περισσότερη κυκλοφορία.
After some time, we arrived at a place with much more traffic.

Μερικούς μήνες αργότερα, μια κλήση έφθασε στο σπίτι: είχαμε περάσει το σταθμό διοδίων χωρίς να το ξέρουμε!
Some months afterwards, a ticket arrived at home: we had passed the toll station without knowing!

Στην Ισπανία, όλοι οι σταθμοί διοδίων έχουν μπάρες, αλλά εκεί, δεν υπήρχαν καθόλου μπάρες και δεν ξέραμε ότι έπρεπε να πληρώσουμε.
That's because in Spain, all toll stations have barriers, but there, there weren't any barriers and we were not aware of that we had to pay.

Αυτές ήταν μερικές από τις "μικρές μας περιπέτειες" στις Ηνωμένες Πολιτείες, μια χώρα που τελικά μας ξετρέλανε που την γυρίσαμε με αμάξι.
These have been only a few of our "little adventures" in the United States, a country we finally loved to

cross on wheels.

Αυτό είναι το τελευταίο που έχω να σας πω, θα γελάσετε σίγουρα.
This is the last one I have to tell you, you will laugh out loud for sure.

Την πρώτη φορά που προσπαθήσαμε να βάλουμε βενζίνη, σχεδόν δεν μπορούσαμε.
The first time we tried to get petrol, we almost couldn't.

Η αντλία ήταν τόσο περίπλοκη, δεν την καταλαβαίναμε.
The gas pump was so complicated, we didn't understand it.

Στο τέλος μια πολύ καλή γριούλα (σχεδόν ογδόντα ετών!) ήρθε να βοηθήσει εμάς τις πιο νέες να "καταλάβουμε" όλη αυτή την τεχνολογία.
Finally a very nice old lady (almost eighty years old!) came to help us youngsters to "understand" all of that technology.

Παρ' όλα αυτά, εμείς θα επαναλάβουμε το ταξίδι μας στις Ηνωμένες Πολιτείες και ανυπομονούμε να πάμε διακοπές ξανά, για να συνεχίσετε την εξερεύνηση αυτής της όμορφης χώρας με τέσσερις τροχούς.
In spite of all this, we will repeat our trip to the United States and we are looking forward to have vacation again to continue discovering this beautiful country on wheels.

Το Φεστιβάλ "Κυνήγι του Τυριού"
The Cheese Rolling Festival

Το όνομα μου είναι Ρόμπερτ και θα σας πω μια ιστορία για το πώς κατέληξα στη μέση ενός αγγλικού χωραφιού κυνηγώντας με μανία ένα τυρί στην κατηφόρα ενός λόφου.
My name is Robert and I'm going to tell you a story about how I ended up in the middle of an English field frantically chasing cheese down a hill.

Μεγαλώνοντας σε ένα μικρό χωριό της Γαλλίας στην περιοχή της Νορμανδίας, το φαγητό ήταν ένα μεγάλο μέρος της οικογενειακής μας ζωής, όσο μπορώ να θυμηθώ.
Growing up in a small French village in the region of Normandy, eating was a big part of our family life for as long as I can remember.

Το φαγητό αντιπροσώπευε μια ευκαιρία για όλη την οικογένεια να βρισκόμαστε μαζί, να μοιραζόμαστε ιστορίες και να απολαμβάνουμε την παρέα ο ένας του άλλου.
Eating represented an occasion for the whole family to get together, to share stories and to enjoy each other's company.

Το αγαπημένο μου μέρος του γεύματος ήταν πάντα όταν έφερναν το τυρί στο τραπέζι, και έχοντας μεγαλώσει στη Γαλλία ήμουν κατ'

επιλογή κακομαθημένος - υπάρχουν περίπου 400 διαφορετικά είδη τυριών που παράγονται σε ολόκληρη τη χώρα και νομίζω ότι τα έχω δοκιμάσει όλα.
My favourite part of the meal was always when the cheese was brought to the table, and being brought up in France I was spoilt for choice – there are almost 400 different types of cheese produced across the nation and I think I must have tasted all of them.

Δεν έχει σημασία τι είδος τυριού ήταν - κατσικίσιο, πρόβειο, μπλε, αγελαδινό - αν ήταν διαθέσιμο θα το έτρωγα.
It didn't matter what kind of cheese it was – goat, ewe, blue, cow – if it was available I would eat it.

Έγινα διάσημος στην οικογένειά μου για το πόσο μου άρεσε το τυρί: μάλλον δεν θα εκπλαγείτε να ακούσετε ότι ήμουν λίγο παχουλούλης σαν παιδί!
I became famous in my family for just how much I loved cheese: you won't be surprised to hear I was a little on the chubby side as a child!

Εκεί που ζούσα στη Νορμανδία, μεγάλωσα βλέποντας το Jersey, ένα από τα νησιά της Μάγχης που ανήκουν στο Ηνωμένο Βασίλειο.
Where I used to live in Normandy, I grew up being able to see Jersey, one of the Channel Islands that belong to the United Kingdom.

Ο παππούς μου συνήθιζε να με ανεβάζει στα γόνατά του και να μου λέει ιστορίες για την Αγγλία και για όλες τις φορές που είχε επισκεφτεί τα νησιά με το φέρι.
My granddad used to sit me on his knee and tell me

stories about England and the times he had visited the islands on the ferry.

Καθώς ήμουν νέος και γεμάτος περιέργεια, ήθελα να πάω εκεί.
As I was young and curious, I wanted to go there.

Και όταν έφτασα εκεί, ήθελα να τρώω τυρί!
And when I got there, I wanted to eat cheese!

Έτσι μια μέρα όλοι συμφωνήσαμε να πάρουμε το φέρι από μια πόλη που ονομάζεται St Malo και κάνουμε ένα μικρό ταξίδι στο νησί.
So one day we all agreed to catch the ferry from a town called St Malo and made the short journey to the island.

Ήταν η πρώτη μου φορά στο εξωτερικό και θυμάμαι που σκεφτόμουν πόσο διαφορετικά τα ένιωθα όλα: η γλώσσα που ακουγόταν παράξενη, η αρχιτεκτονική ήταν διαφορετική από οτιδήποτε είχα δει και το φαγητό δεν είχε καμία σχέση με αυτό που είχα δοκιμάσει στο σπίτι.
It was my first time abroad and I remember thinking how different everything felt: the language sounded peculiar, the architecture was different to anything I had ever seen and the food was nothing like I had tasted at home.

Ευτυχώς, ο παππούς μου μιλούσε καλά αγγλικά και ξεκίνησε μια συζήτηση με τον ιδιοκτήτη ενός τοπικού καταστήματος σχετικά με τις διαφορές που υπάρχουν στο φαγητό.
Luckily, my granddad could speak good English, and he started a conversation with a local shop owner about the differences in food.

Είπε στον ιδιοκτήτη του καταστήματος ότι λάτρευα το τυρί, και τότε ήταν που για πρώτη φορά ανακάλυψα ένα φεστιβάλ στην Αγγλία, που ονομάζεται "Cooper's Hill Κυνήγι Τυριού".
He told the shop owner that I loved cheese, and this is where I first found out about a festival in England called 'Cooper's Hill Cheese Rolling'.

Ανακάλυψα ότι όχι μόνο είχαν και οι Άγγλοι τυρί, αλλά ήταν τόσο καλό που ήταν πρόθυμοι να κατέβουν τρέχοντας το λόφο και να ανταγωνιστούν με άλλους για να το πάρουν.
I found out that not only did people in England have cheese, but it was so good they were willing to chase it down a hill and fight other people for it.

Ένα φεστιβάλ όπου οι άνθρωποι κυνηγούσαν το φαγητό, επειδή ήταν τόσο νόστιμο;
A festival where people chased after food because it was so tasty?

Ανυπομονούσα να πάω εκεί.
I couldn't wait to go there.

Όμως, έπρεπε να περιμένω λίγο για να πάω εκεί: τα εννιάχρονα δεν μπορούν να ταξιδέψουν στην Αγγλία μόνα τους.
Well, I had to wait a little while to get there: 9 year olds can't make the journey to England alone.

Ο καιρός μου να την επισκεφτώ ήρθε αργότερα, ενώ ήμουν στην Αγγλία για σπουδές για ένα χρόνο ως μέρος των μεταπτυχιακών μου σπουδών στο Λονδίνο.

My time to visit came later, whilst I was in England studying for a year as part of my postgraduate university course in London.

Ποτέ δεν ξέχασα την ιστορία του κυνηγιού του τυριού, και ενώ μιλούσα με τον παππού μου στο τηλέφωνο, μου είπε ότι θα πρέπει να προγραμματίσω να επισκεφτώ το φεστιβάλ του Cooper's Hill.
The story about chasing cheese down a hill never left me, and while talking to my granddad on the phone, he said that I should make plans to visit the Cooper's Hill festival.

Έτσι, τρεις Άγγλοι φίλοι και εγώ βρεθήκαμε ένα απόγευμα, σταθήκαμε στην κορυφή ενός λόφου με κυριολεκτικά εκατοντάδες άλλους ανθρώπους, περιμένοντας να κυνηγήσουμε ένα κομμάτι τυρί σε ένα απότομο κατηφορικό χωράφι.
So, three English friends and I found ourselves one afternoon, stood on top of a hill with literally hundreds of other people, waiting to chase a piece of cheese down a steep field.

Τρέλα.
Madness.

Το Φεστιβάλ κυνηγιού Τυριού στο Cooper's Hill διεξάγεται κοντά στην πόλη του Γκλούσεστερ και, όπως υποδεικνύει το όνομα, περιλαμβάνει το ρίξιμο ενός Διπλού Gloucester Τυριού από ένα λόφο, ενώ εκατοντάδες τολμηροί κυνηγούν να το πιάσουν.
The Cooper's Hill Cheese Rolling festival is held near

the city of Gloucester and, just like the name suggests, involves rolling a 9lbs piece of Double Gloucester Cheese down a hill whilst hundreds of daredevils chase after it.

Όλοι θέλουν να πιάσουν το τυρί, αλλά πολύ συχνά κανείς δεν καταφέρνει να το πιάσει: είναι γνωστό ότι πιάνει ταχύτητα μέχρι και 70χλμ. στην κατηφόρα!
Everyone wants to catch the cheese, but quite often no one manages to get a hand on it: it has been known to get up to speeds of 70mph on its way down!

Αυτό είναι το ίδιο με το νόμιμο όριο ταχύτητας σε έναν αγγλικό αυτοκινητόδρομο.
That's the same as the legal speed limit on an English motorway.

Αυτός είναι σίγουρα ένας πρωτότυπος τρόπος να απολαύσει κανείς το τυρί: καμία σχέση με το να το τρώω με την οικογένειά μου, σε μια ήσυχη φάρμα στη Νορμανδία.
This is certainly a novel way to enjoy eating cheese: a far cry from eating it with my family on a quiet farm in Normandy.

Καθώς στεκόμουν στην κορυφή του λόφου, και ετοιμαζόμουν να κυνηγήσω το τυρί, έμεινα έκπληκτος ακούγοντας πολλές διαφορετικές διαλέκτους γύρω μου.
As I stood on top of the hill, getting ready to chase the cheese, I was surprised to hear lots of different accents around me.

Ως παιδί, φανταζόμουν ότι θα ήμουν ο μόνος Γάλλος ανάμεσα σε μια λαοθάλασσα από

Άγγλους, ένα αουτσάιντερ που διασκέδαζε με όλους τους εκκεντρικούς γύρω μου.
As a child I had imagined being the only Frenchman among a sea of English people, an outsider joining in the fun of all the eccentrics around me.

Αλλά μπορούσα να ακούσω αμερικάνικες διαλέκτους, σκωτσέζικες διαλέκτους, διαλέκτους από όλο τον κόσμο.
But I could hear American accents, Scottish accents, accents from all over the world.

Υπήρχε μια υπέροχη ατμόσφαιρα: πολλοί άνθρωποι είχαν ταξιδέψει από πολύ μακριά για να λάβουν μέρος σε αυτό το παράξενο φεστιβάλ.
There was a great atmosphere: a lot of people have travelled a long way to take part in this strange festival.

Καθώς καθόμουν στην κορυφή, είδα ότι είχε φτάσει ένα ασθενοφόρο και στεκόταν σε αναμονή για το κυνήγι στο λόφο που επρόκειτο να συμβεί.
As I stood at the top, I could see that an ambulance had arrived in preparation for the chase down the hill that was about to happen.

Τα πράγματα σοβαρεύουν, σκέφτηκα!
This is getting serious, I thought!

Καθώς αυτός ήταν ο πρώτος αγώνας για το απόγευμα, δεν είχα την ευκαιρία να δω άλλα άτομα να κατεβαίνουν τρέχοντας το λόφο.
As this was the first race of the afternoon, I hadn't had the chance to see anyone else running down the hill.

Δεν ήξερα τι να περιμένω.
I didn't know what to expect.

Η καρδιά μου χτυπούσε δυνατά.
My heart was thumping.

Είχα σταματήσει να σκέφτομαι το τυρί και άρχισα να ανησυχώ για το τι είδους ζημιά ήμουν έτοιμος να προκαλέσω στον εαυτό μου!
I'd stopped thinking about the cheese and started worrying about what kind of damage I was about to do to myself!

Την ώρα που ο αγώνας ήταν έτοιμος να ξεκινήσει, ένας από τους διπλανούς μου μου είπε ότι πάνω από 20 άτομα μεταφέρθηκαν στο νοσοκομείο πριν ένα χρόνο.
Just as the race was about to start, one of the people next to me told me that over 20 people were taken to hospital the year before.

Το ασθενοφόρο ήταν τόσο απασχολημένο να πηγαινοφέρνει τα άτομα στο νοσοκομείο που ο αγώνας καθυστέρησε....
The ambulance was so busy taking people backwards and forward from the hospital that the race even had to be delayed....

Την ώρα που έλεγε αυτά, ακούστηκε η σφυρίχτρα και ήταν η σειρά μας να τρέξουμε να κυνηγήσουμε το τυρί.
Just as he said this, the whistle went to signal that it was our turn to chase the cheese.

Ένας άνδρας που φορούσε μια Αγγλική στολή έριξε κυλώντας ένα τεράστιο στρογγυλό τυρί κάτω στο λόφο και αυτό άρχισε να κατεβαίνει το λόφο με μεγάλη ταχύτητα.
A man dressed in a Union Jack suit rolled a huge circle of cheese down the hill and it was flying down the hill at great speed.

Καθώς καθόμουν πίσω, είδα και άντρες και γυναίκες να τρέχουν να το πιάσουν: πολλοί φορούσαν φανταχτερές στολές, άλλοι πάλι φορούσαν προστατευτικά ρούχα.
As I stood at the back, I saw both men and women running after it: many were in fancy dress, some had protective clothing on.

Ένας άνδρας ντυμένος Superman πέρασε τρέχοντας από δίπλα μου!
A man dressed as Superman flew past me!

Ήταν όλα πολύ σουρεαλιστικά.
It was all very surreal.

Αποφάσισα να πάω αργά για να βεβαιωθώ ότι δεν θα χτυπήσω αλλά πολλοί άλλοι έκαναν επικίνδυνα άλματα και έτρεχαν πραγματικά γρήγορα.
I decided to go slow to make sure I didn't hurt myself but many others were doing somersaults and running really fast.

Προτού να το καταλάβω βρισκόμουν στο τέλος του λόφου.
Before I knew it, I was at the bottom of the hill.

Ευτυχώς, δεν χτύπησα.
Thankfully, I was not injured.

Έψαξα γύρω για το τυρί, αλλά δεν το έβλεπα πουθενά: αυτός που το κέρδισε ντυμένος σαν τον Μίκυ Μάους το είχε πάρει και είχε φύγει κρυφά από εμάς τους υπόλοιπους!
I looked around for the cheese, but it was nowhere to be seen: the person who had won dressed as Micky Mouse had ran off with it and hidden it from the rest of us!

Οπότε πιθανώς αναρωτιέστε ποιο ήταν το νόημα αυτής της εμπειρίας ακόμη και αν δεν κατάφερα να δοκιμάσω καν το τυρί.
So you're probably wondering what the point of going all that way was and not even getting to taste the cheese.

Απογοητεύτηκα που δεν πήρα αυτό που ήθελα, αλλά ήταν μια εξαιρετική εισαγωγή σε ορισμένες από τις πιο παράξενες πτυχές της αγγλικής κουλτούρας.
I was disappointed not to get what I wanted, but it was an excellent introduction to some of the stranger aspects of English culture.

Και ακριβώς όπως ο παππούς μου με κάθιζε στα γόνατα του και μου μιλούσε για κάποια από τα πιο παράξενα πράγματα που κάνουν οι Άγγλοι για το τυρί, το ίδιο θα μπορώ να κάνω και εγώ με τα εγγόνια μου.
And just as my granddad used to sit me on his knee and tell me about some of the strange things that Englishman will do for cheese, I'll be able to do the same for my grandchildren.

Σχέσεις στην Ιαπωνία
Relationships in Japan

Η Ιαπωνία είναι ένα σύμπαν από μόνη της.
Japan is a universe of its own.

Ένα νησί παραδοσιακά απομονωμένα που, για αιώνες, είχε έρθει σε επαφή μόνο με τους πλησιέστερους ηπειρωτικούς της γείτονες.
An island traditionally isolated which, for centuries, had contact only with its nearest continental neighbours.

Στην πραγματικότητα, η Ιαπωνία ανοίχτηκε στον κόσμο τον 18ο αιώνα και αυτό επηρέασε το λαό, τα ήθη και τον πολιτισμό της.
In reality, Japan opened itself to the world in the 18th Century and this has influenced its people, customs and culture.

Όταν επισκεπτόμουν την Ιαπωνία για επαγγελματικούς λόγους ή με τη δουλειά, ένα από τα πράγματα που μου έκαναν εντύπωση ήταν οι ανθρώπινες και προσωπικές σχέσεις σε αυτή τη χώρα.
When I used to visit Japan for business or with work, one of the things that would leave an impression on me was the country's human and personal relationships.

Όταν θα έπρεπε να μείνω για τρία χρόνια εκεί λόγω δουλειάς, μόνο τότε άρχισα να ανακαλύπτω τις διαφορές που υπάρχουν ανάμεσα στα δικά τους και στα δυτικά έθιμα.
It was when I had to spend three years of my life there due to work when I really started discovering all the differences that exist between their and the occidental customs.

Πρώτα από όλα, υπήρχε όλο το πρωτόκολλο και το πρότυπο συμπεριφοράς που σχετίζεται με τον επιχειρηματικό κόσμο, που δε μοιάζει καθόλου με το δυτικό!
First of all, you had the whole etiquette and protocol associated with the business world, which doesn't resemble the occidental one at all!

Για παράδειγμα, όταν δίνετε ή παίρνετε μια επαγγελματική κάρτα από κάποιον πρέπει να γίνεται και με τα δύο χέρια.
For example, giving or receiving a business card from somebody needs to be done using both hands.

Οι Ιάπωνες εργάζονται πραγματικά σκληρά κατά τη διάρκεια εξάντληση των εργάσιμων ημερών όπου οι ώρες είναι πολλές και πολύ έντονες.
Japanese people work really hard during exhausting working days that are many hours long and very intense.

Μερικοί μάλιστα χάνουν το τελευταίο τρένο για το σπίτι τους και στο τέλος καταλήγουν να κοιμούνται σε ξενοδοχεία κάψουλες, που μπορεί να βρει κάποιος στις μεγάλες πόλεις!
Some even miss the last train home and end up

sleeping in one of the capsule hotels, which you can find in the big cities!

Σε αυτά τα ξενοδοχεία δεν πληρώνετε για ένα δωμάτιο, αλλά για μια κάψουλα, ένα κρεβάτι πολύ κοντά σε άλλα αλλά ιδιωτικό.
In these hotels you don't pay for a room, but for a capsule, a bed very near others but private.

Δεν μου άρεσε γενικά η ιδέα.
I didn't like the idea whatsoever.

Δεύτερον, υπάρχει μια ολόκληρη νοοτροπία όσον αφορά τα τρόφιμα και το μαγείρεμα.
Secondly, there was the whole culture with regards to food and cooking.

Για τους Ιάπωνες, το φαγητό είναι ένα πραγματικό και πλήρες τελετουργικό.
For Japanese people, food is a true and complete ritual.

Θα το εκτιμήσετε αυτό αν, όταν θα πάτε στην Ιαπωνία, θα έχετε την ευκαιρία να απολαύσετε μια τελετή τσαγιού ή ένα kaiseki γεύμα, το οποίο είναι η Ιαπωνική υψηλή γαστρονομία.
You will appreciate this if, when you go to Japan, you are able to enjoy a tea ceremony or a kaiseki meal, which is the Japanese haute cuisine.

Στην Ιαπωνία, δεν θα πρέπει ποτέ να μπήξετε τα ξυλάκια στο ρύζι, καθώς αυτό είναι νεκρώσιμο τελετουργικό.
In Japan, one should never stick the chopsticks in the rice, as this is a funerary rite.

Θα πρέπει επίσης να είστε πολύ ευγενικοί, για παράδειγμα, όταν τρώτε μαζί με κάποιον, να γεμίζετε πάντα πρώτοι το ποτήρι του άλλου και να περιμένετε το άλλο άτομο... να γεμίσει το δικό σας!
You should also be very polite; for example, when eating with someone, always fill the other person's glass first, and wait for that person.... to fill yours!

Τέλος, υπήρχαν όλες οι οικογενειακές και προσωπικές σχέσεις, τα ραντεβού με κορίτσια, κλπ.
Lastly, there were all the family and personal relationships, dating girls, etc.

Συνήθως, αυτές είναι οι πιο περίπλοκες σχέσεις σε όλους τους πολιτισμούς, σωστά;
Usually, these are the most complicated types of relationships in all cultures, right?

Λοιπόν, στην Ιαπωνία, ακόμα περισσότερο!
Well, in Japan, even more so!

Οι Ιάπωνες είναι πολύ ευγενικοί, καλόκαρδοι και φιλόξενοι- σε ακραίο βαθμό.
Japanese people are very kind, inviting and welcoming; to extreme levels.

Εγώ μια φορά χάθηκα και ένας άνθρωπος περπάτησε μαζί μου για περίπου δύο χιλιόμετρα μέχρι την πλησιέστερη στάση λεωφορείου, που βρίσκεται στην αντίθετη κατεύθυνση από όπου πήγαινε!

I once got lost and a man walked with me for around two kilometres until reaching the closest bus stop, located in the opposite direction to where he was going!

Ωστόσο, οι κοινωνικές ομάδες τους είναι αρκετά ιδιωτικές και κλειστές και δεν είναι εύκολο να γίνετε φίλοι μαζί τους.
However, their social groups are quite private and closed, and it's not easy becoming friends with them.

Για να μην αναφέρω το να βγείτε ραντεβού με κοπέλα από την Ιαπωνία... οι Γιαπωνέζες είναι ντροπαλές και, γενικά, δεν μιλούν σε ξένους.
Not to mention going out with a Japanese girl... Japanese women are timid and, generally, they don't speak to strangers.

Είναι πολύ ματαιόδοξες: λατρεύουν να φροντίζουν τον εαυτό τους, και το κάνουν αυτό σε ακραίο βαθμό που συνορεύει με την τρέλα.
They are very vain: they love looking after themselves, and they do so to extremes that borders on madness.

Για παράδειγμα, πολλές καλύπτονται από το κεφάλι μέχρι τα δάκτυλα των ποδιών για να προστατευτούν από τον ήλιο και για να διατηρήσουν τον παραδοσιακό και φυσικό λευκό τόνο δέρματος.
For example, a lot of them are covered from head to toe to protect themselves from the sun and preserve their traditional and natural white skin tone.

Ο ρόλος της γυναίκας στην κοινωνία της Ιαπωνίας είναι εξαιρετικά περίεργος για ένα ξένο επισκέπτη.
The woman's role in Japanese society is extremely odd to a foreign visitor.

Οι Γιαπωνέζες είναι μοντέρνες, όπως έλεγα: φροντίζουν τον εαυτό τους, σπουδάζουν στο πανεπιστήμιο και βγαίνουν έξω με τους φίλους και τις φίλες τους.
Japanese women are modern, as I was saying: they look after themselves, they have gone to university and they go out with their girl-friends and boy-friends.

Ωστόσο, αναμένεται από αυτές να είναι μοντέρνες μόνο για "ένα ορισμένο χρονικό διάστημα".
However, it is expected of them to be modern women just for "a certain period of time".

Που σημαίνει: μέχρι να παντρευτούν.
Which means: until they get married.

Μόλις παντρευτούν, οι Ιάπωνες πιστεύουν ότι ο ρόλος της γυναίκας θα πρέπει να είναι να φροντίζει το σπίτι και την οικογένεια, δηλαδή τα παιδιά και τον σύζυγο της.
Once they get married, Japanese people believe the woman's role should be looking after the house and family, referring to her children and husband.

Στην Ιαπωνία, τιμούν και σέβονται την οικογένεια, και επομένως, οι γυναίκες φροντίζουν επίσης τους ηλικιωμένους: τους παππούδες τόσο από την πλευρά της συζύγου

όσο και του συζύγου.
In Japan, family is also revered and respected, and therefore women also look after the elderly: the grandparents, from both her and her husband's sides.

Λόγω της προοδευτικής γήρανσης του πληθυσμού, ο αριθμός των ηλικιωμένων αυξάνεται. Χαίρουν το σεβασμό, αλλά δημιουργούν πρόβλημα σε αυτές τις νεαρές γυναίκες που φροντίζουν τις οικογένειές τους.
Due to the progressive ageing of its population, the number of elderly people has increased; they are respected, but they pose a problem to these young women that look after their families.

Οι Ιάπωνες φέρουν μεγάλη ευθύνη στους ώμους τους: φροντίζουν τις οικογένειές τους, εξασφαλίζοντας ότι έχουν όλα όσα χρειάζονται και, πάνω από όλα, προσπαθώντας να ανέλθουν επαγγελματικά εντός των εταιριών τους, προκειμένου να κερδίζουν περισσότερα χρήματα και σεβασμό ως εργαζόμενοι.
Japanese men have a great responsibility on their shoulders: looking after their families, making sure they have everything they need and, above all, trying to climb the corporate ladder within their companies, in order to earn more money and honour as workers.

Ωστόσο, πολλές γυναίκες προσπαθούν, σιγά σιγά, να αλλάξουν αυτούς τους ρόλους.
However, a lot of women are trying, little by little, to change these roles.

Προσπαθούν να επιμηκύνουν την επαγγελματική

τους ζωή.
They try to lengthen their professional lives.

Είναι φυσιολογικό, διότι είναι πολύ συχνό αυτές να κατέχουν πολύ ενδιαφέρουσες θέσεις στις εταιρείες τους.
It is normal because the common thing is for them to hold very interesting positions in their companies.

Έχουν επίσης πειθαρχία και δουλεύουν το ίδιο σκληρά με τους άντρες συναδέλφους τους.
They are also as disciplined and hard-working as their male colleagues.

Ωστόσο, αυτό δεν αντανακλάται στον μισθό τους, επειδή κερδίζουν κατά μέσο όρο 66% του μισθού που βγάζει ένας άντρας εργαζόμενος.
Nonetheless, this is not reflected in their salaries, because they on average earn 66% of what a man would earn.

Πιστεύω ότι αυτό είναι πολύ άδικο.
I think this is very unfair.

Πόσο σοβαρά και δύσκολα μοιάζουν όλα αυτά!
How serious and difficult it all seems!

Σωστά;
Right?

Και πάλι, έχω καταφέρει να βγω ραντεβού με μερικές Γιαπωνέζες.
Still, I managed to go out with a few Japanese girls.

Τα τυπικά ραντεβού στην Ιαπωνία, όταν βγείτε

έξω με μια κοπέλα αυτό περιλαμβάνει ένα γρήγορο δείπνο, επιλέγοντας από τις πολλές διαθέσιμες επιλογές που υπάρχουν.
Typical dates in Japan, when going out with a girl include a quick bite out, picking from the many available choices around.

Περιττό να πω ότι: πάντα πρέπει να πληρώνετε το λογαριασμό.
Needless to say: you always have to get the bill.

Και πάλι, ο ρόλος του αρσενικού είναι να αποδείξει ότι μπορεί να προσφέρει στη γυναίκα ό,τι χρειάζεται.
Again, the role of the male is to prove that he can give the woman everything she needs.

Υπάρχουν πολλές επιλογές για ραντεβού στην Ιαπωνία.
There are many options for a date in Japan.

Είναι μια χώρα γεμάτη από μέρη αφιερωμένα στην αναψυχή και τη διασκέδαση.
It is a country full of places dedicated to leisure and fun.

Αν ζείτε σε πόλη, όπως και οι περισσότεροι Ιάπωνες, θα βρείτε ακόμη περισσότερα από αυτά τα μέρη.
If you live in a city, like most Japanese people do, you will find even more of these places.

Οι Ιαπωνικές πόλεις είναι πραγματικά τεράστιες.
Japanese cities are really huge.

Για παράδειγμα, στο Τόκιο μόνο, ο πληθυσμός είναι σχεδόν ο ίδιος με το σύνολο της Ισπανίας.
For example, in Tokyo alone, the population is nearly the same as in the whole of Spain.

Απίστευτο, έτσι;
Incredible, right?

Για να περάσετε καλά με ένα κορίτσι που βγαίνετε στην Ιαπωνία, το καλύτερο είναι να το πάτε αργά στα πρώτα ραντεβού και, πάνω από όλα, να πάτε σε διασκεδαστικά μέρη με πολύ κόσμο.
To bring a girl out to have some fun in Japan, the best thing is to take it slowly during the first few dates and, above all, to go to fun places with a lot of people.

Διαφορετικά, τα κορίτσια μπορεί να αισθανθούν λιγάκι πιεσμένες, ή να ντραπούν.
Otherwise, girls could feel a bit overwhelmed, or turn very timid.

Κανονικά, θα χρειαστούν μερικά ραντεβού προτού μείνετε μόνοι σας, ή πριν την πάτε σε ένα πιο οικείο και μικρότερο εστιατόριο.
Normally, it would take a few dates before being alone with her, or before taking her to a more intimate and smaller restaurant.

Οι αγαπημένες μου τοποθεσίες ήταν τα καραόκε μπαρ και τα μαγαζιά με ηλεκτρονικά παιχνίδια.
My favourite places were the karaoke bars and amusement arcades.

Είναι διασκεδαστικά μέρη γεμάτα από νέους ανθρώπους όπου, τελικά, πάντα καταλήγετε να κάνετε νέους φίλους.
They are fun places full of young people where, ultimately, you always end up making new friends.

Οι Γιαπωνέζες επίσης το βρίσκουν πάρα πολύ διασκεδαστικό να βλέπουν έναν Ισπανό να προσπαθεί να τραγουδήσει τρελά Ιαπωνικά τραγούδια.
Japanese girls also find it incredibly amusing seeing a Spanish man trying to sing crazy Japanese songs.

Τα μαγαζιά με ηλεκτρονικά παιχνίδια είναι υπέροχα.
The amusement arcades are great.

Έκανα εξάσκηση για μήνες για να μπορέσω να πάω εκεί με κορίτσια ώστε να μπορέσω να κερδίσω πολλά διαφορετικά δώρα και κουκλάκια για αυτές!
I practised for months to be able to go there with girls and win a lot of different gifts and stuffed toys for them!

Τους άρεσε πολύ και ότι έτσι κέρδιζα πολλά χαμόγελα.
They loved that and that way I won a lot of smiles.

Ποτέ δεν βγήκα με μια κοπέλα από την Ιαπωνία για πολύ καιρό.
I never went out with a Japanese girl for too long.

Τελικά αναζητούσαν ένα σύζυγο και εγώ ήμουν στην Ιαπωνία μόνο για ένα χρονικό διάστημα.

Ultimately, they looked for a husband and I was only in Japan for a period of time.

Οι Ιάπωνες φίλοι μου είπαν ότι τα πράγματα γίνονται πολύ σοβαρά μόλις συναντήσεις την οικογένειά τους.
My Japanese friends told me that things get quite serious once you meet their family.

Το να συναντήσεις τους γονείς της κοπέλας σου στην Ιαπωνία είναι και αυτό ένα τελετουργικό.
Meeting your girlfriend's parents in Japan is quite a rite in itself.

Πρέπει να έχετε πολύ σεβασμό, να φέρετε ένα μικρό δώρο για την οικογένεια, να χρησιμοποιήστε μια ειδική μορφή της γλώσσας που εμπνέει σεβασμό, κλπ.
You have to be very respectful, bring a little gift for the family, use a special respectful form of language, etc.

Φυσικά, αυτό γίνεται συνήθως όταν τα πράγματα είναι πολύ σοβαρά και είστε πολύ σίγουροι ότι θέλετε να παντρευτείτε την κοπέλα.
Of course, this is done normally when things are very serious and you are pretty much sure you want to marry that girl.

Όπως μπορείτε να δείτε, οι σχέσεις στην Ιαπωνία είναι περίπλοκες και γεμάτες με πρωτόκολλα και τελετουργίες.
As you can see, relationships in Japan are complicated and filled with protocols and rituals.

Πέρασα πολύ καλά εκεί, παρότι επίσης ένιωσα

μεγάλη ανακούφιση όταν γύρισα στις ρίζες και τα έθιμα μου, όπου καταλάβαινα τα πάντα και ήξερα πώς θα έπρεπε να συμπεριφέρομαι σε κάθε δεδομένη στιγμή.
I enjoyed my time there very much, though I also felt very relieved when I came back to my roots and customs, where I understood everything and knew how I had to behave each given time and moment.

Το Erasmus μου στη Γερμανία
My Erasmus in Germany

Σας αρέσει να ταξιδεύετε;
Do you like travelling?

Σας αρέσει να σπουδάζετε;
Do you like studying?

Στην Ισπανία - γενικά, σε όλη την Ευρώπη - μπορείτε να συνδυάσετε και τα δύο: με μια υποτροφία Erasmus.
In Spain - generally speaking, in all of Europe - you can combine the two things: with an Erasmus scholarship.

Ξέρετε τι είναι αυτό;
Do you know what it is?

Οι υποτροφίες Erasmus χορηγούνται από την Ευρώπη, από την Ευρωπαϊκή Ένωση, σε φοιτητές από όλες τις χώρες.
Erasmus scholarships are awarded by Europe, the European Union, to students from all countries.

Οι υποτροφίες αυτές θα σας δώσουν μια πανεπιστημιακή θέση σε κάποιο άλλο ευρωπαϊκό πανεπιστήμιο και μια μικρή μηνιαία υποτροφία, έτσι ώστε να μπορείτε να σπουδάσετε σε μια άλλη χώρα, ένα "βοήθημα κινητικότητας".

These scholarships give you a university place in another European university and a small monthly grant so that you can study in another country, a "mobility aid".

Επιπλέον, κάθε χώρα μπορεί να βοηθήσει χρηματικά σε μεγαλύτερο ή μικρότερο βαθμό τους φοιτητές, εξαρτάται από τις δυνατότητες της κάθε χώρας.
Moreover, each country can pay more or less aids to its students, it depends on each state's possibilities.

Και οι χώρες όπου θα πάνε οι φοιτητές συχνά βοηθούν πάρα πολύ.
And the target countries often help the students, too.

Παρά τα βοηθήματα αυτά, οι υποτροφίες Erasmus συχνά δεν επαρκούν για τα έξοδα διαβίωσης ενώ σπουδάζετε.
Despite these aids, Erasmus grants are often not sufficient to live while you study.

Είναι πολύ ακριβά για να ζήσετε σε μια μεγάλη ευρωπαϊκή πόλη όπως η Βαρκελώνη, το Παρίσι ή το Βερολίνο.
It's very expensive to live in a big European city like Barcelona, Paris or Berlin.

Οι φοιτητές συνήθως παίρνουν οικονομική στήριξη από τους γονείς τους, προκειμένου να μπορέσουν να ζήσουν αυτή την εμπειρία.
Students usually get financial support from their parents in order to be able to live this experience.

Μερικοί, όπως εγώ, εργάζονται κατά τη διάρκεια

της Erasmus διαμονής τους.
Some, like me, work during the Erasmus stay.

Το να πάρει κάποιος μια υποτροφία Erasmus είναι πολύ δύσκολο.
Getting an Erasmus scholarship is very hard.

Υπάρχουν πολλοί φοιτητές που θα ήθελαν να συμμετάσχουν στο πρόγραμμα Erasmus, και μόνο λίγες θέσεις.
There are lots of students who would like to take part in the Erasmus programme, and only a few places.

Θα πρέπει να εμπλακείτε σε μια μεγάλη, κουραστική διαδικασία αίτησης, με γλωσσικές δοκιμασίες και πολλές γραφειοκρατικές διαδικασίες.
You have to carry out a lengthy, ponderous application process, with language tests and lots of paperwork.

Αλλά αν τα καταφέρετε, όπως εγώ, θα είναι μια αξέχαστη εμπειρία.
But if you make it, just like me, it will be an unforgettable experience.

Το όνομα μου είναι Ραμόν και είμαι είκοσι έξι ετών.
My name is Ramon and I'm twenty-six years old.

Τελειώνω τις σπουδές μου στην Ιατρική σύντομα.
I'm finishing my medicine studies soon.

Ελπίζω να γίνω ένας καλός γιατρός το

συντομότερο δυνατό.
I hope I will be a good doctor soon.

Είναι το πάθος μου.
It's my passion.

Θα ήθελα να βοηθήσω τους ασθενείς και να τους γιατρέψω.
I would like to help patients and to heal them.

Το έργο του γιατρού είναι πολύ σημαντικό.
A doctor's task is very important.

Τα νοσοκομεία και τα χειρουργεία υπάρχουν χάρη σε εμάς.
Hospitals and doctor's surgeries exist thanks to us.

Η εργασία σε νοσοκομεία είναι αρκετά δύσκολη, τόσο για τους γιατρούς όσο και για τους νοσηλευτές.
Working in hospitals is quite hard, both for doctors and nurses.

Πέρυσι είχα την ευκαιρία να λάβω μέρος σε μια υποτροφία Erasmus.
Last year I had the chance to take part in an Erasmus scholarship.

Στην αρχή ήθελα να πάω στη Γαλλία.
At first I wanted to go to France.

Γιατί;
Why?

Λοιπόν, ζω με την οικογένειά μου σε ένα μέρος

κοντά στη Βαρκελώνη, η Γαλλία δεν είναι τόσο μακριά.
Well, I live with my family in a place near Barcelona, France is not far away.

Πέρα από αυτό, η γλώσσα είναι παρόμοια με την ισπανική και ακόμη πιο κοντά με τα καταλανικά, που επίσης μιλάω.
Besides this, the language is similar to Spanish and even more similar to Catalan, which I also speak.

Μετά την υποβολή της αίτησης για την υποτροφία και αφού εξετάστηκα σε γλωσσικά τεστ (Αγγλικά, Γαλλικά...) έπρεπε να περιμένω για μερικούς μήνες.
After applying for the scholarship and doing the language tests (English, French...) I had to wait for some months.

Ήταν τόσο μεγάλη η αναμονή!
It was such a long wait!

Άρχισα να αγοράζω βιβλία στη γαλλική γλώσσα, άκουγα γαλλική μουσική και επίσης γαλλικούς σταθμούς στο ραδιόφωνο.
I started to buy books in French, I listened to French music and also to the French radio.

Η μέρα των αποτελεσμάτων επιτέλους έφτασε.
The results' day finally came.

Είχαν αναρτηθεί στο φουαγιέ του πανεπιστημίου.
They were put up in the university's foyer.

Έψαξα για το όνομα μου ανάμεσα στους

φοιτητές που είχαν λάβει μια θέση Erasmus για την Γαλλία, και δεν ήμουν εκεί.
I looked for my name among the students who had received an Erasmus place for France, and I wasn't there.

Αυτό ήταν ένα σοβαρό πλήγμα για μένα!
That was a serious blow for me!

Δεν ήμουν ούτε μεταξύ αυτών που είχαν λάβει υποτροφία, ούτε στους αναπληρωτές... Παράξενο... Κοίταξα τις λίστες ακόμη μια φορά και τότε το είδα: Είχα λάβει υποτροφία για τη Γερμανία.
I was neither among those who had received a scholarship, nor among the substitutes... Weird... I looked at the lists once more and then I saw it: I had received a scholarship for Germany.

Γερμανία;!
Germany?!

Τι να κάνω εκεί;, σκέφτηκα αμέσως.
What should I do there?, I thought immediately.

Πήγα στο διοικητικό γραφείο να μιλήσω με το διευθυντή και δεν υπήρχε καμία αμφιβολία: κανείς δεν είχε κάνει αίτηση για Γερμανία και, με βάση τους πόντους, ήταν το μόνο που μπορούσαν να μου δώσουν.
I went to the administrative office to speak to the manager and there was no doubt: nobody had applied for Germany and, on the basis of points, it was the only one they could give me.

Αν δεν δεχόμουν, πιθανότατα δεν θα έπαιρνα καμία υποτροφία Erasmus, με όλες τις ευκαιρίες που σχετίζονται με αυτό.
If I didn't accept, I would probably get no Erasmus scholarship, with all the opportunities which were related to it.

Μόλις γύρισα στο σπίτι, οι γονείς μου και η αδελφή με ενθάρρυναν να συνεχίσω.
Once at home, my parents and sister encouraged me to go on.

Η Γερμανία ήταν μια οικονομικά ισχυρή χώρα, ίσως με δύσκολη γλώσσα, αλλά σίγουρα θα είχα την ευκαιρία να μάθω πολλά εκεί.
Germany was an economically strong country, perhaps with a difficult language, but I would surely have the chance to learn a lot there.

Έτσι μετά από εκείνο το καλοκαίρι πήρα το αεροπλάνο για Βερολίνο για να αρχίσω το ακαδημαϊκό μου έτος στη Γερμανία.
So after that summer I flew to Berlin to start my academic year in Germany.

Το γεγονός ότι οι συνάδελφοί μου παρακολούθησαν μαθήματα στα αγγλικά με βοήθησε πολύ.
The fact that my colleagues attended lessons and courses in English helped me a lot.

Οι πρώτες εβδομάδες ήταν πραγματικά δύσκολες για μένα.
The first weeks were really tough for me.

Δεν καταλάβαινα ούτε τον κόσμο στο δρόμο, ούτε τους συναδέλφους μου και οι μέρες γίνονταν όλο και πιο μικρές σε διάρκεια.
I didn't understand neither the people on the street nor my colleagues and the days got shorter and shorter.

Αλλά σύντομα ήρθε μια στιγμή που άλλαξε τη ζωή μου: το Oktoberfest, ή το Γερμανικό φεστιβάλ μπίρας, όπως την αποκαλούμε στην Ισπανία.
But soon came a moment which changed my life: the Oktoberfest, or the German beer festival, as we call it in Spain.

Είναι ένα μεγάλο φεστιβάλ που συνήθως λαμβάνει χώρα στο Μόναχο, στη νότια Γερμανία και αποτίει φόρο τιμής σε ένα από τα κύρια προϊόντα της Γερμανίας: τη μπύρα.
It's a big festival which usually takes place in Munich, in the south of Germany and pays homage to one of Germany's main products: beer.

Ένα πολύ συμπαθητικό κορίτσι από τη σχολή μου με προσκάλεσε να ταξιδέψω στο Μόναχο μαζί με αυτήν και τους φίλους της και να ζήσω την ατμόσφαιρα του φεστιβάλ εκεί, και αποφάσισα να δεχτώ την πρόσκλησή της.
A very likeable girl from my course invited me to travel to Munich with her and her friends and to experience the festival's atmosphere there, and I decided to accept her invitation.

Ήταν μία από τις καλύτερες εβδομάδες στη ζωή μου!
It was one of the best weeks in my life!

Γνώρισα πολλούς ανθρώπους από όλο τον κόσμο, φάγαμε πολλά λουκάνικα, ξινολάχανο, πρέτσελ, και άλλες Γερμανικές σπεσιαλιτέ...
I met lots of people from all over the world, ate lots of sausages, sauerkraut, pretzels, and other German specialities...

Και, φυσικά, δοκίμασα μερικές από τις πιο εκλεκτές μπύρες που είχα πιει στη ζωή μου.
And of course I tasted some of the most exquisite beers I drank in my life.

Κατά τη διάρκεια του σαββατοκύριακου έμαθα πολλά πράγματα στα γερμανικά που με βοήθησαν να ανταπεξέλθω στην καθημερινότητα: πώς να παραγγέλνω κάτι, πώς να συστήνομαι σε νέα άτομα, πώς να βρίσκω το δρόμο μου σε μια πόλη που δεν ξέρω...
During that weekend I learnt many things in German which helped me cope with everyday life: how to order something, how to introduce yourself to new acquaintances, how to move in a city you don't know...

Η Greta έχει γίνει μία από τις καλύτερες μου φίλες από τότε και χάρη σε αυτήν και τους φίλους της κατάφερα να γνωρίσω τις συνήθειες των Γερμανών από κοντά.
Greta has become one of my best friends since then, and thanks to her and her group of friends I got to know German habits from close up.

Σύντομα ήρθε ο τρομερός, κρύος χειμώνας του Βερολίνου.

Soon came the terrible, cold Berlin winter.

Αν ζει κάποιος στη Βαρκελώνη, είναι πολύ δύσκολο να βιώσει θερμοκρασίες δέκα βαθμούς κάτω από το μηδέν, όπως μπορείτε βεβαίως να φανταστείτε.
If you live in Barcelona, it's very hard to experience temperatures of ten degrees below zero, as you can surely imagine.

Επιπλέον, χάρη στον πίνακα ανακοινώσεων εργασίας στο πανεπιστήμιο του Βερολίνου θα μπορούσα να ξεκινήσω πρακτική κατάρτιση σε ένα μικρό νοσοκομείο στην πόλη, το οποίο εξειδικευόταν στην φροντίδα παιδιών με καρκίνο.
Moreover, thanks to Berlin's university's job board I could start a practical training in a small hospital in the city, which was specialised in the care of children affected by cancer.

Ήταν πολύ δύσκολο για μένα, αλλά έμαθα τόσα πολλά με αυτά τα παιδιά, δεν θα το ξεχάσω ποτέ.
It was very hard for me, but I have learnt so much with those kids, I'll never forget it.

Για να πηγαίνω στα μαθήματα και στη δουλειά χρησιμοποιούσα ποδήλατο, που είναι ένα από τα πιο ευρέως χρησιμοποιούμενα μεταφορικά μέσα στη πόλη.
To reach my lessons and work I moved by bike, which is one of the city's most widely used means of transport.

Αγόρασα ένα παλιό μεταχειρισμένο ποδήλατο από μια υπαίθρια αγορά που γίνεται το

σαββατοκύριακο.
I bought an old second-hand bike in one of the weekend flea markets.

Η υπαίθρια αγορά το σαββατοκύριακο ήταν ένα από τα πιο συνηθισμένα πράγματα στο Βερολίνο.
It was one of Berlin's more typical things, the weekend flea market.

Έτσι οργάνωσα τη ζωή μου σιγά σιγά, και όταν ήρθε η άνοιξη, κατά τις τελευταίες ημέρες του Erasmus μου, δεν μπορούσα να πιστέψω πόσο γρήγορα είχε περάσει ο καιρός.
So I organised my life little by little, and when spring came, near the last days of my Erasmus stay, I couldn't believe how fast everything had passed.

Διατηρώ τις φιλίες που έκανα εκεί και θα ήθελα να ξαναπάω σύντομα.
I keep my friendships from there and I would like to come back there soon.

Παρά τα όσα έμαθα, ακόμη δεν μπορώ να προφέρω πολλές γερμανικές λέξεις σωστά!
Despite everything I have learnt, I still can't pronounce many German words correctly!

Κάνω μαθήματα Γερμανικών μια φορά την εβδομάδα για να μην ξεχάσω τη γλώσσα και για να εξασκούμαι περισσότερο.
I attend a language school once a week not to forget the language and to practise it further.

Εκτός αυτού, το σαββατοκύριακο θα συναντήσω άλλους φοιτητές Erasmus που έχουν έρθει στην

Βαρκελώνη από τη Γερμανία και έχουμε ένα γλωσσικό tandem.
Besides that, at the weekend I meet other Erasmus students who have come to Barcelona from Germany and we have a language tandem.

Είναι πολύ αστείο και συναντώ όλο και περισσότερους ενδιαφέροντες ανθρώπους.
It's very funny and I meet more and more interesting people.

Οπότε σας προτείνω να δοκιμάσετε μια Erasmus διαμονή, αν μπορείτε.
So I recommend you to try an Erasmus stay, if you can.

Είναι μία από τις καλύτερες εμπειρίες της ζωής μου.
It's one of the best experiences of my life.

GREEK

Ηνωμένες Πολιτείες..."επί τροχών"

Το όνομα μου είναι Σουζάνα και είμαι είκοσι οκτώ ετών. Ζω σε μια πόλη στην Καταλονία, τη Χιρόνα. Βρίσκεται βόρεια της Βαρκελώνης, μόλις μία ώρα οδικώς. Είναι μία από τις πιο όμορφες, πιο ήσυχες και αρχαιότερες πόλεις της Καταλονίας. Αν έχετε την ευκαιρία να την επισκεφθείτε, μην παραλείψετε να επισκεφθείτε το κέντρο: μοιάζει σαν να ζείτε ακόμα στον Μεσαίωνα!

Μου αρέσει να ταξιδεύω, αλλά καθώς έχω τη δική μου επιχείρηση, δεν μπορώ να ταξιδεύω συχνά. Είναι κρίμα, αλλά πάντα πρέπει να δίνω προσοχή στην επιχείρηση μου. Λοιπόν, στην πραγματικότητα είναι μια μικρή οικογενειακή επιχείρηση: ένα εστιατόριο. Το εστιατόριο ιδρύθηκε από τους παππούδες μου πάνω από 60 χρόνια πριν. Απίστευτο, έτσι; Ωστόσο, ήμουν τυχερή και μπόρεσα να κλείσω το εστιατόριο για μερικές ημέρες μετά το καλοκαίρι. Επιτέλους θα έκανα τις διακοπές που μου άξιζαν!

Τώρα, με τόσους πολλούς ενδιαφέροντες και υπέροχους προορισμούς... πού να πάω; Ένα από τα όνειρά μου ήταν να γνωρίσω την "Άγρια Δύση" της Αμερικής. Όταν ήμουν μικρό κορίτσι, οι παππούδες μου με πρόσεχαν στο εστιατόριο και μου έβαζαν γουέστερν ταινίες στην τηλεόραση μετά το μεσημεριανό γεύμα. Τις έβλεπα όλες και διασκέδαζα πολύ ενώ έκανα τα μαθήματά μου ή καθώς έτρωγα ένα σνακ...Γι' αυτό το λόγο αποφάσισα να πάω στα Δυτικά των Ηνωμένων Πολιτειών. Είχα πολλούς φίλους που είχαν ήδη πάει εκεί και ζήλευα όλες τις ιστορίες τους, αλλά η συμβουλή τους ήταν πολύ χρήσιμη για μένα. Η καλύτερη μου φίλη η Μάρτα μπορούσε επίσης να έρθει μαζί μου. Είναι δασκάλα και ήταν θαύμα το ότι είχαμε διακοπές την ίδια περίοδο εκείνο το χρόνο!

Χάρη στο διαδίκτυο, σήμερα είναι πολύ εύκολο να ετοιμάσει κάποιος ένα ταξίδι στη Δύση των Ηνωμένων Πολιτειών. Αν μιλάτε ισπανικά, υπάρχουν μερικές ιστοσελίδες οι οποίες είναι πολύ χρήσιμες για να κανονίσετε ταξίδια, το αγαπημένο μου είναι το losviajeros. Γιατί μου αρέσει τόσο πολύ; Επειδή είναι ένα φόρουμ όπου πραγματικοί ταξιδιώτες που έχουν επισκεφτεί τους προορισμούς αυτούς μοιράζονται τις εμπειρίες τους, κάνουν σχόλια, λένε τη γνώμη τους, κόλπα και συμβουλές... Αυτό είναι πολύ χρήσιμο.

Προετοίμαζα το ταξίδι και έκανα κρατήσεις ολόκληρη την εβδομάδα: ξενοδοχεία, μοτέλ και πτήσεις, φυσικά. Δε μου αρέσει η οδήγηση και ούτε στη φίλη μου τη Μάρτα, έτσι προσπάθησα να κλείσω εισιτήρια για τρένα, λεωφορεία και άλλα μέσα μεταφοράς για να ταξιδεύουμε από τη μία τοποθεσία στην άλλη... Τώρα αυτό ήταν πραγματικά δύσκολο! Τότε διάβασα σε ένα φόρουμ ότι... ο καλύτερος τρόπος για να μετακινηθεί κάποιος στις Ηνωμένες Πολιτείες είναι η οδήγηση! Εκείνη τη στιγμή το ταξίδι μας φαινόταν ότι βάδιζε προς την αποτυχία. Η Μάρτα και εγώ ήμασταν απαίσιες οδηγοί. Τι μπορούσαμε να κάνουμε;

Η Μάρτα μου είπε ότι δεν θα ήταν καθόλου πρόβλημα. Ήταν σίγουρη ότι μαζί θα μπορούσαμε να περάσουμε καλά οδηγώντας το αυτοκίνητο. Ωστόσο, έτσι προληπτικά, κάναμε εξάσκηση για μερικές ημέρες πριν από το ταξίδι. Δεν θέλαμε τίποτα να πάει στραβά!

Όταν φτάσαμε στις Ηνωμένες Πολιτείες, πρώτα παραλάβαμε το ενοικιαζόμενο αυτοκίνητο μας. Έχουμε ένα αυτοκίνητο μόνο για μας! Ήμασταν χαρούμενες, ενθουσιασμένες και γεμάτες προσδοκίες! Φαινόταν σαν η πτήση που διήρκεσε δεκατρείς ώρες να ήταν μόνο δύο. Είχαμε χιλιάδες χιλιόμετρα μπροστά μας και θέλαμε να ξεκινήσουμε όσο το δυνατό νωρίτερα!

Όταν φτάσαμε στο γραφείο ενοικίασης αυτοκινήτων, σχεδόν λιποθυμήσαμε. Υπήρχε μια τέτοια μεγάλη ουρά ανθρώπων και μας είπαν ότι θα χρειαστεί τουλάχιστον μια ώρα για να πάρουμε το αυτοκίνητό μας! Ήταν πολύ βαρετά. Γιατί τόσοι πολλοί άνθρωποι ήθελαν να νοικιάσουν αυτοκίνητο; Στην Ισπανία δεν είναι πολύ συχνή η ενοικίαση αυτοκινήτου για ένα ταξίδι. Συνήθως το κάνουμε όταν ταξιδεύουμε σε ένα νησί, για παράδειγμα. Αλλά στα υπόλοιπα μέρη, υπάρχουν πολλά τρένα και λεωφορεία που σας πάνε όπου θέλετε να πάτε. Ανακαλύψαμε σύντομα γιατί τόσοι πολλοί άνθρωπο ήθελαν ένα αυτοκίνητο, οι Ηνωμένες Πολιτείες είναι μια τεράστια έκταση! Και προς έκπληξή μας, δεν υπάρχει σύστημα δημοσίων μεταφορών με τέτοια συχνότητα και ποικιλία όπως στην Ισπανία. Γι' αυτό το λόγο χρειάζεστε ένα αυτοκίνητο για να μετακινηθείτε σε ολόκληρη τη χώρα, ή τουλάχιστον είναι πολύ καλύτερα να έχετε ένα: μπορείτε να ταξιδέψετε πιο γρήγορα και πιο άνετα εκεί που θέλετε να πάτε.

Τελικά φτάσαμε στο γκισέ. Η φίλη μου η Μάρτα μιλάει πολύ καλά Αγγλικά και καταλαβαίναμε απόλυτα την κοπέλα που μας εξυπηρετούσε στο γκισέ. Σε λίγα λεπτά, πήραμε τα κλειδιά του αυτοκινήτου μας. Είχαμε κάνει κράτηση για ένα μικρό αυτοκίνητο, που θα ήταν αρκετό για εμάς τις δύο... αλλά τι ψέμα! Πήραμε ένα τεράστιο κόκκινο SUV! Πιστεύαμε ότι ήταν λάθος, αλλά στην πραγματικότητα εμείς είχαμε κάνει λάθος. Το κορίτσι στο γκισέ μας επισήμανε ότι είχαν εξαντληθεί τα μικρά αυτοκίνητα και ότι έπρεπε να μας δώσει αυτό το γιγάντιο αυτοκίνητο. Ξέρετε... Γλωσσικά θέματα.

Σχεδόν έπρεπε να "σκαρφαλώσουμε" για να μπούμε σε αυτό το τεράστιο αμάξι. Στο εσωτερικό, κοιτούσαμε έκπληκτες όλα τα πράγματα που διέθετε το αυτοκίνητο: GPS, ραδιόφωνο, δορυφορική τηλεόραση και μια κάμερα για να βλέπουμε να παρκάρουμε! Στην Ισπανία, ένα αυτοκίνητο σαν αυτό θα ήταν μια πραγματική πολυτέλεια, τα αυτοκίνητά μας συνήθως δεν έχουν κανένα από αυτά τα "επιπλέον πράγματα". Η Μάρτα ξεκίνησε το αυτοκίνητο και... Μισό λεπτό! Πού είναι ο συμπλέκτης; Και το κιβώτιο ταχυτήτων; Δεν μπορούμε να προχωρήσουμε! Αυτή ήταν η πρώτη μας έκπληξη... Στις Ηνωμένες Πολιτείες, σχεδόν όλα τα αυτοκίνητα είναι αυτόματα! Στην Ισπανία είναι απλά το αντίθετο! Παρόλα αυτά, οφείλω να ομολογήσω, ... Ότι είναι πολύ πιο άνετα να οδηγείτε ένα αυτοκίνητο με "αμερικανικό στυλ" και μου λείπει πολύ όλα να είναι τόσο εύκολα.

Μετά από αυτές τις λίγες στιγμές σύγχυσης, ξεκινήσαμε. Είχαμε φτάσει στο Λος Άντζελες και ο πρώτος μας προορισμός ήταν η παραλία, θέλαμε να κοιμηθούμε στη Santa Barbara. Οι εκπλήξεις δεν σταμάτησαν εκεί: πόσο τεράστιοι ήταν οι δρόμοι! Περισσότερες από τέσσερις ή πέντε λωρίδες είναι κάτι συνηθισμένο για τους αυτοκινητόδρομους στις Ηνωμένες Πολιτείες, ενώ εμείς απλά έχουμε δύο λωρίδες στην Ισπανία, ή ίσως και τρεις. Μετά τις πρώτες αστείες αυτές στιγμές, χαθήκαμε μερικές φορές και τελικά καταλήξαμε στη Santa Barbara. Περάσαμε μερικές υπέροχες μέρες εκεί, αλλά έπρεπε να φύγουμε από εκεί σύντομα καθώς θέλαμε να περάσουμε μερικές νύχτες στο Λας Βέγκας.

Όταν φύγαμε, οδηγήσαμε χωρίς ξέρουμε καλά σε ένα δρόμο με λιγότερη κίνηση. Σε ορισμένα σημεία υπήρχε κάτι που έδειχνε δολάρια... Ίσως να ήταν ένας δρόμος με διόδια; Δεν είχαμε την παραμικρή ιδέα. Μετά από λίγη ώρα, φτάσαμε σε ένα μέρος με πολύ περισσότερη κυκλοφορία. Μερικούς μήνες αργότερα, μια κλήση έφθασε στο σπίτι: είχαμε περάσει το σταθμό διοδίων χωρίς να το ξέρουμε! Στην Ισπανία, όλοι οι σταθμοί διοδίων έχουν μπάρες, αλλά εκεί, δεν υπήρχαν καθόλου μπάρες και δεν ξέραμε ότι έπρεπε να πληρώσουμε. Αυτές ήταν μερικές από τις "μικρές μας περιπέτειες" στις Ηνωμένες Πολιτείες, μια χώρα που τελικά μας ξετρέλανε που την γυρίσαμε με αμάξι.

Αυτό είναι το τελευταίο που έχω να σας πω, θα γελάσετε σίγουρα. Την πρώτη φορά που προσπαθήσαμε να βάλουμε βενζίνη, σχεδόν δεν μπορούσαμε. Η αντλία ήταν τόσο περίπλοκη, δεν την καταλαβαίναμε. Στο τέλος μια πολύ καλή γριούλα (σχεδόν ογδόντα ετών!) ήρθε να βοηθήσει εμάς τις πιο νέες να "καταλάβουμε" όλη αυτή την τεχνολογία. Παρ' όλα αυτά, εμείς θα επαναλάβουμε το ταξίδι μας στις Ηνωμένες Πολιτείες και ανυπομονούμε να πάμε διακοπές ξανά, για να συνεχίσετε την εξερεύνηση αυτής της όμορφης χώρας με τέσσερις τροχούς.

Το Φεστιβάλ "Κυνήγι του Τυριού"

Το όνομα μου είναι Ρόμπερτ και θα σας πω μια ιστορία για το πώς κατέληξα στη μέση ενός αγγλικού χωραφιού κυνηγώντας με μανία ένα τυρί στην κατηφόρα ενός λόφου.

Μεγαλώνοντας σε ένα μικρό χωριό της Γαλλίας στην περιοχή της Νορμανδίας, το φαγητό ήταν ένα μεγάλο μέρος της οικογενειακής μας ζωής, όσο μπορώ να θυμηθώ. Το φαγητό αντιπροσώπευε μια ευκαιρία για όλη την οικογένεια να βρισκόμαστε μαζί, να μοιραζόμαστε ιστορίες και να απολαμβάνουμε την παρέα ο ένας του άλλου. Το αγαπημένο μου μέρος του γεύματος ήταν πάντα όταν έφερναν το τυρί στο τραπέζι, και έχοντας μεγαλώσει στη Γαλλία ήμουν κατ' επιλογή κακομαθημένος - υπάρχουν περίπου 400 διαφορετικά είδη τυριών που παράγονται σε ολόκληρη τη χώρα και νομίζω ότι τα έχω δοκιμάσει όλα. Δεν έχει σημασία τι είδος τυριού ήταν - κατσικίσιο, πρόβειο, μπλε, αγελαδινό - αν ήταν διαθέσιμο θα το έτρωγα. Έγινα διάσημος στην οικογένειά μου για το πόσο μου άρεσε το τυρί: μάλλον δεν θα εκπλαγείτε να ακούσετε ότι ήμουν λίγο παχουλούλης σαν παιδί!

Εκεί που ζούσα στη Νορμανδία, μεγάλωσα βλέποντας το Jersey, ένα από τα νησιά της Μάγχης που ανήκουν στο Ηνωμένο Βασίλειο. Ο παππούς μου συνήθιζε να με ανεβάζει στα γόνατα του και να μου λέει ιστορίες για την Αγγλία και για όλες τις φορές που είχε επισκεφτεί τα νησιά με το φέρι. Καθώς ήμουν νέος και γεμάτος περιέργεια, ήθελα να πάω εκεί. Και όταν έφτασα εκεί, ήθελα να τρώω τυρί! Έτσι μια μέρα όλοι συμφωνήσαμε να πάρουμε το φέρι από μια πόλη που ονομάζεται St Malo και κάνουμε ένα μικρό ταξίδι στο νησί. Ήταν η πρώτη μου φορά στο εξωτερικό και θυμάμαι που σκεφτόμουν πόσο διαφορετικά τα ένιωθα όλα: η γλώσσα που ακουγόταν παράξενη, η αρχιτεκτονική ήταν διαφορετική από οτιδήποτε είχα δει και το φαγητό δεν είχε καμία σχέση με αυτό που είχα δοκιμάσει στο σπίτι. Ευτυχώς, ο παππούς μου μιλούσε καλά αγγλικά και ξεκίνησε μια συζήτηση με τον ιδιοκτήτη ενός τοπικού καταστήματος σχετικά με τις διαφορές που υπάρχουν στο φαγητό. Είπε στον ιδιοκτήτη του καταστήματος ότι λάτρευα το τυρί, και τότε ήταν που για πρώτη φορά ανακάλυψα ένα φεστιβάλ στην Αγγλία, που ονομάζεται "Cooper's Hill Κυνήγι Τυριού". Ανακάλυψα ότι όχι μόνο είχαν και οι Άγγλοι τυρί, αλλά ήταν τόσο καλό που ήταν πρόθυμοι να κατέβουν τρέχοντας το λόφο και να ανταγωνιστούν με άλλους για να το πάρουν. Ένα φεστιβάλ όπου οι άνθρωποι κυνηγούσαν το φαγητό, επειδή ήταν τόσο νόστιμο; Ανυπομονούσα να πάω εκεί.

Όμως, έπρεπε να περιμένω λίγο για να πάω εκεί: τα εννιάχρονα δεν μπορούν να ταξιδέψουν στην Αγγλία μόνα τους. Ο καιρός μου να την επισκεφτώ ήρθε αργότερα, ενώ ήμουν στην Αγγλία για σπουδές για ένα χρόνο ως μέρος των μεταπτυχιακών μου σπουδών στο Λονδίνο. Ποτέ δεν ξέχασα την ιστορία του κυνηγιού του τυριού, και ενώ μιλούσα με τον παππού μου στο τηλέφωνο, μου είπε ότι θα πρέπει να προγραμματίσω να επισκεφτώ το φεστιβάλ του Cooper's Hill. Έτσι, τρεις Άγγλοι φίλοι και εγώ βρεθήκαμε ένα απόγευμα, σταθήκαμε στην κορυφή ενός λόφου με κυριολεκτικά εκατοντάδες άλλους ανθρώπους, περιμένοντας να κυνηγήσουμε ένα κομμάτι τυρί σε ένα απότομο κατηφορικό χωράφι. Τρέλα.

Το Φεστιβάλ κυνηγιού Τυριού στο Cooper's Hill διεξάγεται κοντά στην πόλη του Γκλούσεστερ και, όπως υποδεικνύει το όνομα, περιλαμβάνει το ρίξιμο ενός Διπλού Gloucester Τυριού από ένα λόφο, ενώ εκατοντάδες τολμηροί κυνηγούν να το πιάσουν. Όλοι θέλουν να πιάσουν το τυρί, αλλά πολύ συχνά κανείς δεν καταφέρνει να το πιάσει: είναι γνωστό ότι πιάνει ταχύτητα μέχρι και 70χλμ. στην κατηφόρα! Αυτό είναι το ίδιο με το νόμιμο όριο ταχύτητας σε έναν αγγλικό αυτοκινητόδρομο. Αυτός είναι σίγουρα ένας πρωτότυπος τρόπος να απολαύσει κανείς το τυρί: καμία σχέση με το να το τρώω με την οικογένειά μου, σε μια ήσυχη φάρμα στη Νορμανδία. Καθώς στεκόμουν στην κορυφή του λόφου, και ετοιμαζόμουν να κυνηγήσω το τυρί, έμεινα έκπληκτος ακούγοντας πολλές διαφορετικές διαλέκτους γύρω μου. Ως παιδί, φανταζόμουν ότι θα ήμουν ο μόνος Γάλλος ανάμεσα σε μια λαοθάλασσα από Άγγλους, ένα αουτσάιντερ που διασκέδαζε με όλους τους εκκεντρικούς γύρω μου. Αλλά μπορούσα να ακούσω αμερικάνικες διαλέκτους, σκωτσέζικες διαλέκτους, διαλέκτους από όλο τον κόσμο. Υπήρχε μια υπέροχη ατμόσφαιρα: πολλοί άνθρωποι είχαν ταξιδέψει από πολύ μακριά για να λάβουν μέρος σε αυτό το παράξενο φεστιβάλ.

Καθώς καθόμουν στην κορυφή, είδα ότι είχε φτάσει ένα ασθενοφόρο και στεκόταν σε αναμονή για το κυνήγι στο λόφο που επρόκειτο να συμβεί. Τα πράγματα σοβαρεύουν, σκέφτηκα! Καθώς αυτός ήταν ο πρώτος αγώνας για το απόγευμα, δεν είχα την ευκαιρία να δω άλλα άτομα να κατεβαίνουν τρέχοντας το λόφο. Δεν ήξερα τι να περιμένω. Η καρδιά μου χτυπούσε δυνατά. Είχα σταματήσει να σκέφτομαι το τυρί και άρχισα να ανησυχώ για το τι είδους ζημιά ήμουν έτοιμος να προκαλέσω στον εαυτό μου! Την ώρα που ο αγώνας ήταν έτοιμος να ξεκινήσει, ένας από τους διπλανούς μου μου είπε ότι πάνω από 20 άτομα μεταφέρθηκαν στο νοσοκομείο πριν ένα χρόνο. Το ασθενοφόρο ήταν τόσο απασχολημένο να πηγαινοφέρνει τα άτομα στο νοσοκομείο που ο αγώνας καθυστέρησε....

Την ώρα που έλεγε αυτά, ακούστηκε η σφυρίχτρα και ήταν η σειρά μας να τρέξουμε να κυνηγήσουμε το τυρί. Ένας άνδρας που φορούσε μια Αγγλική στολή έριξε κυλώντας ένα τεράστιο στρογγυλό τυρί κάτω στο λόφο και αυτό άρχισε να κατεβαίνει το λόφο με μεγάλη ταχύτητα. Καθώς καθόμουν πίσω, είδα και άντρες και γυναίκες να τρέχουν να το πιάσουν: πολλοί φορούσαν φανταχτερές στολές, άλλοι πάλι φορούσαν προστατευτικά ρούχα. Ένας άνδρας ντυμένος Superman πέρασε τρέχοντας από δίπλα μου! Ήταν όλα πολύ σουρεαλιστικά. Αποφάσισα να πάω αργά για να βεβαιωθώ ότι δεν θα χτυπήσω αλλά πολλοί άλλοι έκαναν επικίνδυνα άλματα και έτρεχαν πραγματικά γρήγορα. Προτού να το καταλάβω βρισκόμουν στο τέλος του λόφου. Ευτυχώς, δεν χτύπησα. Έψαξα γύρω για το τυρί, αλλά δεν το έβλεπα πουθενά: αυτός που το κέρδισε ντυμένος σαν τον Μίκυ Μάους το είχε πάρει και είχε φύγει κρυφά από εμάς τους υπόλοιπους!

Οπότε πιθανώς αναρωτιέστε ποιο ήταν το νόημα αυτής της εμπειρίας ακόμη και αν δεν κατάφερα να δοκιμάσω καν το τυρί. Απογοητεύτηκα που δεν πήρα αυτό που ήθελα, αλλά ήταν μια εξαιρετική εισαγωγή σε ορισμένες από τις πιο παράξενες πτυχές της αγγλικής κουλτούρας. Και ακριβώς όπως ο παππούς μου με κάθιζε στα γόνατα του και μου μιλούσε για κάποια από τα πιο παράξενα πράγματα που κάνουν οι Άγγλοι για το τυρί, το ίδιο θα μπορώ να κάνω και εγώ με τα εγγόνια μου.

Σχέσεις στην Ιαπωνία

Η Ιαπωνία είναι ένα σύμπαν από μόνη της. Ένα νησί παραδοσιακά απομονωμένα που, για αιώνες, είχε έρθει σε επαφή μόνο με τους πλησιέστερους ηπειρωτικούς της γείτονες. Στην πραγματικότητα, η Ιαπωνία ανοίχτηκε στον κόσμο τον 18ο αιώνα και αυτό επηρέασε το λαό, τα ήθη και τον πολιτισμό της.

Όταν επισκεπτόμουν την Ιαπωνία για επαγγελματικούς λόγους ή με τη δουλειά, ένα από τα πράγματα που μου έκαναν εντύπωση ήταν οι ανθρώπινες και προσωπικές σχέσεις σε αυτή τη χώρα. Όταν θα έπρεπε να μείνω για τρία χρόνια εκεί λόγω δουλειάς, μόνο τότε άρχισα να ανακαλύπτω τις διαφορές που υπάρχουν ανάμεσα στα δικά τους και στα δυτικά έθιμα.

Πρώτα από όλα, υπήρχε όλο το πρωτόκολλο και το πρότυπο συμπεριφοράς που σχετίζεται με τον επιχειρηματικό κόσμο, που δε μοιάζει καθόλου με το δυτικό! Για παράδειγμα, όταν δίνετε ή παίρνετε μια επαγγελματική κάρτα από κάποιον πρέπει να γίνεται και με τα δύο χέρια. Οι Ιάπωνες εργάζονται πραγματικά σκληρά κατά τη διάρκεια εξάντληση των εργάσιμων ημερών όπου οι ώρες είναι πολλές και πολύ έντονες. Μερικοί μάλιστα χάνουν το τελευταίο τρένο για το σπίτι τους και στο τέλος καταλήγουν να κοιμούνται σε ξενοδοχεία κάψουλες, που μπορεί να βρει κάποιος στις μεγάλες πόλεις! Σε αυτά τα ξενοδοχεία δεν πληρώνετε για ένα δωμάτιο, αλλά για μια κάψουλα, ένα κρεβάτι πολύ κοντά σε άλλα αλλά ιδιωτικό. Δεν μου άρεσε γενικά η ιδέα.

Δεύτερον, υπάρχει μια ολόκληρη νοοτροπία όσον αφορά τα τρόφιμα και το μαγείρεμα. Για τους Ιάπωνες, το φαγητό είναι ένα πραγματικό και πλήρες τελετουργικό. Θα το εκτιμήσετε αυτό αν, όταν θα πάτε στην Ιαπωνία, θα έχετε την ευκαιρία να απολαύσετε μια τελετή τσαγιού ή ένα kaiseki γεύμα, το οποίο είναι η Ιαπωνική υψηλή γαστρονομία. Στην Ιαπωνία, δεν θα πρέπει ποτέ να μπήξετε τα ξυλάκια στο ρύζι, καθώς αυτό είναι νεκρώσιμο τελετουργικό. Θα πρέπει επίσης να είστε πολύ ευγενικοί, για παράδειγμα, όταν τρώτε μαζί με κάποιον, να γεμίζετε πάντα πρώτοι το ποτήρι του άλλου και να περιμένετε το άλλο άτομο... να γεμίσει το δικό σας!

Τέλος, υπήρχαν όλες οι οικογενειακές και προσωπικές σχέσεις, τα ραντεβού με κορίτσια, κλπ. Συνήθως, αυτές είναι οι πιο περίπλοκες σχέσεις σε όλους τους πολιτισμούς, σωστά; Λοιπόν, στην Ιαπωνία, ακόμα περισσότερο!

Οι Ιάπωνες είναι πολύ ευγενικοί, καλόκαρδοι και φιλόξενοι- σε ακραίο βαθμό. Εγώ μια φορά χάθηκα και ένας άνθρωπος περπάτησε μαζί μου για περίπου δύο χιλιόμετρα μέχρι την πλησιέστερη στάση λεωφορείου, που βρίσκεται στην αντίθετη κατεύθυνση από όπου πήγαινε! Ωστόσο, οι κοινωνικές ομάδες τους είναι αρκετά ιδιωτικές και κλειστές και δεν είναι εύκολο να γίνετε φίλοι μαζί τους.

Για να μην αναφέρω το να βγείτε ραντεβού με κοπέλα από την Ιαπωνία... οι Γιαπωνέζες είναι ντροπαλές και, γενικά, δεν μιλούν σε ξένους. Είναι πολύ ματαιόδοξες: λατρεύουν να φροντίζουν τον εαυτό τους, και το κάνουν αυτό σε ακραίο βαθμό που συνορεύει με την τρέλα. Για παράδειγμα, πολλές καλύπτονται από το κεφάλι μέχρι τα δάκτυλα των ποδιών για να προστατευτούν από τον ήλιο και για να διατηρήσουν τον παραδοσιακό και φυσικό λευκό τόνο δέρματος.

Ο ρόλος της γυναίκας στην κοινωνία της Ιαπωνίας είναι εξαιρετικά περίεργος για ένα ξένο επισκέπτη. Οι Γιαπωνέζες είναι μοντέρνες, όπως έλεγα: φροντίζουν τον εαυτό τους, σπουδάζουν στο πανεπιστήμιο και βγαίνουν έξω με τους φίλους και τις φίλες τους. Ωστόσο, αναμένεται από αυτές να είναι μοντέρνες μόνο για "ένα ορισμένο χρονικό διάστημα". Που σημαίνει: μέχρι να παντρευτούν. Μόλις παντρευτούν, οι Ιάπωνες πιστεύουν ότι ο ρόλος της γυναίκας θα πρέπει να είναι να φροντίζει το σπίτι και την οικογένεια, δηλαδή τα παιδιά και τον σύζυγο της.

Στην Ιαπωνία, τιμούν και σέβονται την οικογένεια, και επομένως, οι γυναίκες φροντίζουν επίσης τους ηλικιωμένους: τους παππούδες τόσο από την πλευρά της συζύγου όσο και του συζύγου. Λόγω της προοδευτικής γήρανσης του πληθυσμού, ο αριθμός των ηλικιωμένων αυξάνεται. Χαίρουν το σεβασμό, αλλά δημιουργούν πρόβλημα σε αυτές τις νεαρές γυναίκες που φροντίζουν τις οικογένειές τους.

Οι Ιάπωνες φέρουν μεγάλη ευθύνη στους ώμους

τους: φροντίζουν τις οικογένειές τους, εξασφαλίζοντας ότι έχουν όλα όσα χρειάζονται και, πάνω από όλα, προσπαθώντας να ανέλθουν επαγγελματικά εντός των εταιριών τους, προκειμένου να κερδίζουν περισσότερα χρήματα και σεβασμό ως εργαζόμενοι.

Ωστόσο, πολλές γυναίκες προσπαθούν, σιγά σιγά, να αλλάξουν αυτούς τους ρόλους. Προσπαθούν να επιμηκύνουν την επαγγελματική τους ζωή. Είναι φυσιολογικό, διότι είναι πολύ συχνό αυτές να κατέχουν πολύ ενδιαφέρουσες θέσεις στις εταιρείες τους. Έχουν επίσης πειθαρχία και δουλεύουν το ίδιο σκληρά με τους άντρες συναδέλφους τους. Ωστόσο, αυτό δεν αντανακλάται στον μισθό τους, επειδή κερδίζουν κατά μέσο όρο 66% του μισθού που βγάζει ένας άντρας εργαζόμενος. Πιστεύω ότι αυτό είναι πολύ άδικο.

Πόσο σοβαρά και δύσκολα μοιάζουν όλα αυτά! Σωστά; Και πάλι, έχω καταφέρει να βγω ραντεβού με μερικές Γιαπωνέζες. Τα τυπικά ραντεβού στην Ιαπωνία, όταν βγείτε έξω με μια κοπέλα αυτό περιλαμβάνει ένα γρήγορο δείπνο, επιλέγοντας από τις πολλές διαθέσιμες επιλογές που υπάρχουν. Περιττό να πω ότι: πάντα πρέπει να πληρώνετε το λογαριασμό. Και πάλι, ο ρόλος του αρσενικού είναι να αποδείξει ότι μπορεί να προσφέρει στη γυναίκα ό,τι χρειάζεται.

Υπάρχουν πολλές επιλογές για ραντεβού στην Ιαπωνία. Είναι μια χώρα γεμάτη από μέρη αφιερωμένα στην αναψυχή και τη διασκέδαση. Αν ζείτε σε πόλη, όπως και οι περισσότεροι Ιάπωνες, θα βρείτε ακόμη περισσότερα από αυτά τα μέρη.

Οι Ιαπωνικές πόλεις είναι πραγματικά τεράστιες. Για παράδειγμα, στο Τόκιο μόνο, ο πληθυσμός είναι σχεδόν ο ίδιος με το σύνολο της Ισπανίας. Απίστευτο, έτσι;

Για να περάσετε καλά με ένα κορίτσι που βγαίνετε στην Ιαπωνία, το καλύτερο είναι να το πάτε αργά στα πρώτα ραντεβού και, πάνω από όλα, να πάτε σε διασκεδαστικά μέρη με πολύ κόσμο. Διαφορετικά, τα κορίτσια μπορεί να αισθανθούν λιγάκι πιεσμένες, ή να ντραπούν. Κανονικά, θα χρειαστούν μερικά ραντεβού προτού μείνετε μόνοι σας, ή πριν την πάτε σε ένα πιο οικείο και μικρότερο εστιατόριο.

Οι αγαπημένες μου τοποθεσίες ήταν τα καραόκε μπαρ και τα μαγαζιά με ηλεκτρονικά παιχνίδια. Είναι διασκεδαστικά μέρη γεμάτα από νέους ανθρώπους όπου, τελικά, πάντα καταλήγετε να κάνετε νέους φίλους. Οι Γιαπωνέζες επίσης το βρίσκουν πάρα πολύ διασκεδαστικό να βλέπουν έναν Ισπανό να προσπαθεί να τραγουδήσει τρελά Ιαπωνικά τραγούδια. Τα μαγαζιά με ηλεκτρονικά παιχνίδια είναι υπέροχα. Έκανα εξάσκηση για μήνες για να μπορέσω να πάω εκεί με κορίτσια ώστε να μπορέσω να κερδίσω πολλά διαφορετικά δώρα και κουκλάκια για αυτές! Τους άρεσε πολύ και ότι έτσι κέρδιζα πολλά χαμόγελα.

Ποτέ δεν βγήκα με μια κοπέλα από την Ιαπωνία για πολύ καιρό. Τελικά αναζητούσαν ένα σύζυγο και εγώ ήμουν στην Ιαπωνία μόνο για ένα χρονικό διάστημα. Οι Ιάπωνες φίλοι μου είπαν ότι τα πράγματα γίνονται πολύ σοβαρά μόλις συναντήσεις την οικογένειά τους. Το να συναντήσεις τους γονείς της κοπέλας σου στην

Ιαπωνία είναι και αυτό ένα τελετουργικό. Πρέπει να έχετε πολύ σεβασμό, να φέρετε ένα μικρό δώρο για την οικογένεια, να χρησιμοποιήστε μια ειδική μορφή της γλώσσας που εμπνέει σεβασμό, κλπ. Φυσικά, αυτό γίνεται συνήθως όταν τα πράγματα είναι πολύ σοβαρά και είστε πολύ σίγουροι ότι θέλετε να παντρευτείτε την κοπέλα.

Όπως μπορείτε να δείτε, οι σχέσεις στην Ιαπωνία είναι περίπλοκες και γεμάτες με πρωτόκολλα και τελετουργίες. Πέρασα πολύ καλά εκεί, παρότι επίσης ένιωσα μεγάλη ανακούφιση όταν γύρισα στις ρίζες και τα έθιμα μου, όπου καταλάβαινα τα πάντα και ήξερα πώς θα έπρεπε να συμπεριφέρομαι σε κάθε δεδομένη στιγμή.

Το Erasmus μου στη Γερμανία

Σας αρέσει να ταξιδεύετε; Σας αρέσει να σπουδάζετε; Στην Ισπανία - γενικά, σε όλη την Ευρώπη - μπορείτε να συνδυάσετε και τα δύο: με μια υποτροφία Erasmus. Ξέρετε τι είναι αυτό;

Οι υποτροφίες Erasmus χορηγούνται από την Ευρώπη, από την Ευρωπαϊκή Ένωση, σε φοιτητές από όλες τις χώρες. Οι υποτροφίες αυτές θα σας δώσουν μια πανεπιστημιακή θέση σε κάποιο άλλο ευρωπαϊκό πανεπιστήμιο και μια μικρή μηνιαία υποτροφία, έτσι ώστε να μπορείτε να σπουδάσετε σε μια άλλη χώρα, ένα "βοήθημα κινητικότητας". Επιπλέον, κάθε χώρα μπορεί να βοηθήσει χρηματικά σε μεγαλύτερο ή μικρότερο βαθμό τους φοιτητές, εξαρτάται από τις δυνατότητες της κάθε χώρας. Και οι χώρες όπου θα πάνε οι φοιτητές συχνά βοηθούν πάρα πολύ.

Παρά τα βοηθήματα αυτά, οι υποτροφίες Erasmus συχνά δεν επαρκούν για τα έξοδα διαβίωσης ενώ σπουδάζετε. Είναι πολύ ακριβά για να ζήσετε σε μια μεγάλη ευρωπαϊκή πόλη όπως η Βαρκελώνη, το Παρίσι ή το Βερολίνο. Οι φοιτητές συνήθως παίρνουν οικονομική στήριξη από τους γονείς τους, προκειμένου να μπορέσουν να ζήσουν αυτή την εμπειρία. Μερικοί, όπως εγώ, εργάζονται κατά τη διάρκεια της Erasmus διαμονής τους.

Το να πάρει κάποιος μια υποτροφία Erasmus είναι

πολύ δύσκολο. Υπάρχουν πολλοί φοιτητές που θα ήθελαν να συμμετάσχουν στο πρόγραμμα Erasmus, και μόνο λίγες θέσεις. Θα πρέπει να εμπλακείτε σε μια μεγάλη, κουραστική διαδικασία αίτησης, με γλωσσικές δοκιμασίες και πολλές γραφειοκρατικές διαδικασίες. Αλλά αν τα καταφέρετε, όπως εγώ, θα είναι μια αξέχαστη εμπειρία.

Το όνομά μου είναι Ραμόν και είμαι είκοσι έξι ετών. Τελειώνω τις σπουδές μου στην Ιατρική σύντομα. Ελπίζω να γίνω ένας καλός γιατρός το συντομότερο δυνατό. Είναι το πάθος μου. Θα ήθελα να βοηθήσω τους ασθενείς και να τους γιατρέψω. Το έργο του γιατρού είναι πολύ σημαντικό. Τα νοσοκομεία και τα χειρουργεία υπάρχουν χάρη σε εμάς. Η εργασία σε νοσοκομεία είναι αρκετά δύσκολη, τόσο για τους γιατρούς όσο και για τους νοσηλευτές.

Πέρυσι είχα την ευκαιρία να λάβω μέρος σε μια υποτροφία Erasmus. Στην αρχή ήθελα να πάω στη Γαλλία. Γιατί; Λοιπόν, ζω με την οικογένειά μου σε ένα μέρος κοντά στη Βαρκελώνη, η Γαλλία δεν είναι τόσο μακριά. Πέρα από αυτό, η γλώσσα είναι παρόμοια με την ισπανική και ακόμη πιο κοντά με τα καταλανικά, που επίσης μιλάω. Μετά την υποβολή της αίτησης για την υποτροφία και αφού εξετάστηκα σε γλωσσικά τεστ (Αγγλικά, Γαλλικά...) έπρεπε να περιμένω για μερικούς μήνες. Ήταν τόσο μεγάλη η αναμονή! Άρχισα να αγοράζω βιβλία στη γαλλική γλώσσα, άκουγα γαλλική μουσική και επίσης γαλλικούς σταθμούς στο ραδιόφωνο.

Η μέρα των αποτελεσμάτων επιτέλους έφτασε.

Είχαν αναρτηθεί στο φουαγιέ του πανεπιστημίου. Έψαξα για το όνομα μου ανάμεσα στους φοιτητές που είχαν λάβει μια θέση Erasmus για την Γαλλία, και δεν ήμουν εκεί. Αυτό ήταν ένα σοβαρό πλήγμα για μένα! Δεν ήμουν ούτε μεταξύ αυτών που είχαν λάβει υποτροφία, ούτε στους αναπληρωτές... Παράξενο... Κοίταξα τις λίστες ακόμη μια φορά και τότε το είδα: Είχα λάβει υποτροφία για τη Γερμανία. Γερμανία;! Τι να κάνω εκεί;, σκέφτηκα αμέσως.

Πήγα στο διοικητικό γραφείο να μιλήσω με το διευθυντή και δεν υπήρχε καμία αμφιβολία: κανείς δεν είχε κάνει αίτηση για Γερμανία και, με βάση τους πόντους, ήταν το μόνο που μπορούσαν να μου δώσουν. Αν δεν δεχόμουν, πιθανότατα δεν θα έπαιρνα καμία υποτροφία Erasmus, με όλες τις ευκαιρίες που σχετίζονται με αυτό. Μόλις γύρισα στο σπίτι, οι γονείς μου και η αδελφή με ενθάρρυναν να συνεχίσω. Η Γερμανία ήταν μια οικονομικά ισχυρή χώρα, ίσως με δύσκολη γλώσσα, αλλά σίγουρα θα είχα την ευκαιρία να μάθω πολλά εκεί. Έτσι μετά από εκείνο το καλοκαίρι πήρα το αεροπλάνο για Βερολίνο για να αρχίσω το ακαδημαϊκό μου έτος στη Γερμανία. Το γεγονός ότι οι συνάδελφοί μου παρακολούθησαν μαθήματα στα αγγλικά με βοήθησε πολύ.

Οι πρώτες εβδομάδες ήταν πραγματικά δύσκολες για μένα. Δεν καταλάβαινα ούτε τον κόσμο στο δρόμο, ούτε τους συναδέλφους μου και οι μέρες γίνονταν όλο και πιο μικρές σε διάρκεια. Αλλά σύντομα ήρθε μια στιγμή που άλλαξε τη ζωή μου: το Oktoberfest, ή το Γερμανικό φεστιβάλ μπίρας, όπως την αποκαλούμε στην Ισπανία. Είναι ένα μεγάλο φεστιβάλ που συνήθως λαμβάνει χώρα στο Μόναχο, στη νότια Γερμανία και αποτίει φόρο τιμής σε ένα από τα κύρια προϊόντα της Γερμανίας: τη μπύρα. Ένα πολύ συμπαθητικό κορίτσι από τη σχολή μου με προσκάλεσε να ταξιδέψω στο Μόναχο μαζί με αυτήν και τους φίλους της και να ζήσω την ατμόσφαιρα του φεστιβάλ εκεί, και αποφάσισα να δεχτώ την πρόσκλησή της. Ήταν μία από τις καλύτερες εβδομάδες στη ζωή μου!

Γνώρισα πολλούς ανθρώπους από όλο τον κόσμο, φάγαμε πολλά λουκάνικα, ξινολάχανο, πρέτσελ, και άλλες Γερμανικές σπεσιαλιτέ... Και, φυσικά, δοκίμασα μερικές από τις πιο εκλεκτές μπύρες που είχα πιει στη ζωή μου. Κατά τη διάρκεια του σαββατοκύριακου έμαθα πολλά πράγματα στα γερμανικά που με βοήθησαν να ανταπεξέλθω στην καθημερινότητα: πώς να παραγγέλνω κάτι, πώς να συστήνομαι σε νέα άτομα, πώς να βρίσκω το δρόμο μου σε μια πόλη που δεν ξέρω...

Η Greta έχει γίνει μία από τις καλύτερες μου φίλες από τότε και χάρη σε αυτήν και τους φίλους της κατάφερα να γνωρίσω τις συνήθειες των Γερμανών από κοντά. Σύντομα ήρθε ο τρομερός, κρύος χειμώνας του Βερολίνου. Αν ζει κάποιος στη Βαρκελώνη, είναι πολύ δύσκολο να βιώσει θερμοκρασίες δέκα βαθμούς κάτω από το μηδέν, όπως μπορείτε βεβαίως να φανταστείτε. Επιπλέον, χάρη στον πίνακα ανακοινώσεων εργασίας στο πανεπιστήμιο του Βερολίνου θα μπορούσα να ξεκινήσω πρακτική κατάρτιση σε ένα μικρό νοσοκομείο στην πόλη, το οποίο εξειδικευόταν στην φροντίδα παιδιών με καρκίνο. Ήταν πολύ δύσκολο για μένα, αλλά έμαθα τόσα πολλά με αυτά τα παιδιά, δεν θα το ξεχάσω ποτέ.

Για να πηγαίνω στα μαθήματα και στη δουλειά χρησιμοποιούσα ποδήλατο, που είναι ένα από τα πιο ευρέως χρησιμοποιούμενα μεταφορικά μέσα στη πόλη. Αγόρασα ένα παλιό μεταχειρισμένο ποδήλατο από μια υπαίθρια αγορά που γίνεται το σαββατοκύριακο. Η υπαίθρια αγορά το σαββατοκύριακο ήταν ένα από τα πιο συνηθισμένα πράγματα στο Βερολίνο. Έτσι οργάνωσα τη ζωή μου σιγά σιγά, και όταν ήρθε η άνοιξη, κατά τις τελευταίες ημέρες του Erasmus μου, δεν μπορούσα να πιστέψω πόσο γρήγορα είχε περάσει ο καιρός. Διατηρώ τις φιλίες που έκανα εκεί και θα ήθελα να ξαναπάω σύντομα.

Παρά τα όσα έμαθα, ακόμη δεν μπορώ να προφέρω πολλές γερμανικές λέξεις σωστά! Κάνω μαθήματα Γερμανικών μια φορά την εβδομάδα για να μην ξεχάσω τη γλώσσα και για να εξασκούμαι περισσότερο. Εκτός αυτού, το σαββατοκύριακο θα συναντήσω άλλους φοιτητές Erasmus που έχουν έρθει στην Βαρκελώνη από τη Γερμανία και έχουμε ένα γλωσσικό tandem. Είναι πολύ αστείο και συναντώ όλο και περισσότερους ενδιαφέροντες ανθρώπους. Οπότε σας προτείνω να δοκιμάσετε μια Erasmus διαμονή, αν μπορείτε. Είναι μία από τις καλύτερες εμπειρίες της ζωής μου.

ENGLISH

United States..."on wheels"

My name is Susana and I am twenty-eight years old. I live in a city in Catalonia, Girona. It is in the north of Barcelone, just an hour to drive by car. It is one of the most beautiful, quietest and oldest cities of Catalonia. If you have the chance to visit it, do not miss to visit the center: it seems like we are still living in the Middle Ages!

I love to travel, but as I run my own business, I cannot travel frequently. It's a pity, but I always have to pay attention to my firm. Well, actually it is a small family business: a restaurant. The restaurant was founded by my grandparents over sixty years ago, incredible, isn't it? However, last year I was lucky and was able to close the restaurant some days after the summer. Finally I should have my deserved vacation!

Now, with so many interesting and wonderful destinations... Where to go? One of my dreams was to get to know the "Wild West" of America. When I was a little girl, my grandparents took care of me in the restaurant and used to put Western films on the TV after lunch. I watched them all and had a lot of fun while doing my homework or having a snack...That's why I decided to go to the West of the United States. I had a lot of friends who had already been there and I was jealous of all their stories, but their advice were very useful to me. My best friend Marta could also come with me. She is a teacher and it was a miracle that we had vacation at the same time that year!

Thanks to the internet, today it is really easy to prepare a trip to the west of the United States. If you talk Spanish, there are a few websites which are very useful to prepare trips, my favourite one is losviajeros. Why I like it so much? Because it´s a forum where real travellers who have visited those destinations share their experience, make comments, give their opinion, tricks and advice... That's very useful.

I was preparing the trip and booking everything during a whole week: hotels, motels and the flights, of course. I don't like driving and neither does my friend Marta, so I tried to book tickets for trains, busses and other means of transport to travel from one site to another... Now that was really difficult! Then I read in a forum that... The best manner to move across the United States is driving! In that moment our trip seemed to fail. Marta and I were terrible drivers. What were we able to do?

Marta said that it wasn't a problem at all. She was sure that together we could even have fun when driving a car. But, just in case, we practiced some days before our voyage. We didn't want anything going wrong!

When we arrived in the United States, we first picked up our rental. We have a car just for us! We were happy, excited and full of expectations! It seemed that the flight of thirteen hours had passed in only two. We had thousands of kilometres in front of us and wanted to start the earlier, the better!

When we arrived to the office of the car rental, we almost fainted. There was such a big queue of people and we were told that it would take at least an hour to get our car! That was very boring. Why were there so many people renting a car? In Spain it is not very common to hire a car on a trip. We usually do it when we travel to an island, for instance. But at the rest of places, there are a lot of trains and busses taking you wherever you want to go. We discovered soon why so many people wanted a car, the United States are enormous! And to our surprise, there is no public transport system with such a frequency and variety as in Spain. That's why you need a car to move across the country, or at least it is much better to have one: you can travel faster and in a more comfortable way wherever you want to go.

Finally we arrived at the counter. My friend Marta talks English very well and we understood ourselves perfectly with the girl who was serving us at the counter. In a few minutes, we received the keys of our car. We had booked a small car, that was enough for the two of us... but what a lie! We got an enormous red SUV! We thought it was a mistake, but actually we had been mistaken. The girl at the counter had adverted that they had run out of small cars and that they had to give us that giant car. You know... Language issues.

We almost had to "climb" to get into that huge car. Once inside, we stared in wonder at all the things the car had: GPS, radio, radio by satellite and a camera to see how to park! In Spain, a car like this would have been a real luxury, our cars usually don't have any of these "extras". Marta started the car and... Just a second! Where is the clutch? And the gear box? We cannot move! That was our first surprise... In the United States, almost all cars are automatic! In Spain it's just the other way round! Nevertheless, I have to admit ... That it is much more comfortable to drive a car with "American style" and I miss a lot that everything is so easy.

After these few moments of confusion, we got on the road. We had landed in Los Angeles and our first destination was the beach, we wanted to sleep at Santa Barbara. The surprises didn't stop: how huge the roads were! More than four or five lanes is usual for highways in the United States, meanwhile we just have a pair of lanes in Spain, or maybe three. After these first funny moments, we got lost a few times and finally reached Santa Barbara. We spent a few wonderful days there, but had to break up soon as we wanted to spend some nights in Las Vegas.

When we left, we drove without knowing well into a road with less traffic. On some signs there was something indicating dollars... Maybe it was a toll road? We didn't have a clue. After some time, we arrived at a place with much more traffic. Some months afterwards, a ticket arrived at home: we had passed the toll station without knowing! That's because in Spain, all toll stations have barriers, but there, there weren't any barriers and we were not aware of that we had to pay. These have been only a few of our "little adventures" in the United States, a country we finally loved to cross on wheels.

This is the last one I have to tell you, you will laugh out loud for sure. The first time we tried to get petrol, we almost couldn't. The gas pump was so complicated, we didn't understand it. Finally a very nice old lady (almost eighty years old!) came to help us youngsters to "understand" all of that technology.

In spite of all this, we will repeat our trip to the United States and we are looking forward to have vacation again to continue discovering this beautiful country on wheels.

The Cheese Rolling Festival

My name is Robert and I'm going to tell you a story about how I ended up in the middle of an English field frantically chasing cheese down a hill.

Growing up in a small French village in the region of Normandy, eating was a big part of our family life for as long as I can remember. Eating represented an occasion for the whole family to get together, to share stories and to enjoy each other's company. My favourite part of the meal was always when the cheese was brought to the table, and being brought up in France I was spoilt for choice – there are almost 400 different types of cheese produced across the nation and I think I must have tasted all of them. It didn't matter what kind of cheese it was – goat, ewe, blue, cow – if it was available I would eat it. I became famous in my family for just how much I loved cheese: you won't be surprised to hear I was a little on the chubby side as a child!

Where I used to live in Normandy, I grew up being able to see Jersey, one of the Channel Islands that belong to the United Kingdom. My granddad used to sit me on his knee and tell me stories about England and the times he had visited the islands on the ferry. As I was young and curious, I wanted to go there. And when I got there, I wanted to eat cheese! So one day we all agreed to catch the ferry from a town called St Malo and made the short journey to the island. It was my first time abroad and I remember thinking how different everything felt: the language sounded peculiar, the architecture was different to anything I had ever seen and the food was nothing like I had tasted at home. Luckily, my granddad could speak good English, and he started a conversation with a local shop owner about the differences in food. He told the shop owner that I loved cheese, and this is where I first found out about a festival in England called 'Cooper's Hill Cheese Rolling'. I found out that not only did people in England have cheese, but it was so good they were willing to chase it down a hill and fight other people for it. A festival where people chased after food because it was so tasty? I couldn't wait to go there.

Well, I had to wait a little while to get there: 9 year olds can't make the journey to England alone. My time to visit came later, whilst I was in England studying for a year as part of my postgraduate university course in London. The story about chasing cheese down a hill never left me, and while talking to my granddad on the phone, he said that I should make plans to visit the Cooper's Hill festival. So, three English friends and I found ourselves one afternoon, stood on top of a hill with literally hundreds of other people, waiting to chase a piece of cheese down a steep field. Madness.

The Cooper's Hill Cheese Rolling festival is held near the city of Gloucester and, just like the name suggests, involves rolling a 9lbs piece of Double Gloucester Cheese down a hill whilst hundreds of daredevils chase after it. Everyone wants to catch the cheese, but quite often no one manages to get a hand on it: it has been known to get up to speeds of 70mph on its way down! That's the same as the legal speed limit on an English motorway. This is certainly a novel way to enjoy eating cheese: a far cry from eating it with my family on a quiet farm in Normandy. As I stood on top of the hill, getting ready to chase the cheese, I was surprised to hear lots of different accents around me. As a child I had imagined being the only Frenchman among a sea of English people, an outsider joining in the fun of all the eccentrics around me. But I could hear American accents, Scottish accents, accents from all over the world. There was a great atmosphere: a lot of people have travelled a long way to take part in this strange festival.

As I stood at the top, I could see that an ambulance had arrived in preparation for the chase down the hill that was about to happen. This is getting serious, I thought! As this was the first race of the afternoon, I hadn't had the chance to see anyone else running down the hill. I didn't know what to expect. My heart was thumping. I'd stopped thinking about the cheese and started worrying about what kind of damage I was about to do to myself! Just as the race was about to start, one of the people next to me told me that over 20 people were taken to hospital the year before. The ambulance was so busy taking people backwards and forward from the hospital that the race even had to be delayed....

Just as he said this, the whistle went to signal that it was our turn to chase the cheese. A man dressed in a Union Jack suit rolled a huge circle of cheese down the hill and it was flying down the hill at great speed. As I stood at the back, I saw both men and women running after it: many were in fancy dress, some had protective clothing on. A man dressed as Superman flew past me! It was all very surreal. I decided to go slow to make sure I didn't hurt myself but many others were doing somersaults and running really fast. Before I knew it, I was at the bottom of the hill. Thankfully, I was not injured. I looked around for the cheese, but it was nowhere to be seen: the person who had won dressed as Micky Mouse had ran off with it and hidden it from the rest of us!

So you're probably wondering what the point of going all that way was and not even getting to taste the cheese. I was disappointed not to get what I wanted, but it was an excellent introduction to some of the stranger aspects of English culture. And just as my granddad used to sit me on his knee and tell me about some of the strange things that Englishman will do for cheese, I'll be able to do the same for my grandchildren.

Relationships in Japan

Japan is a universe of its own. An island traditionally isolated which, for centuries, had contact only with its nearest continental neighbours. In reality, Japan opened itself to the world in the 18th Century and this has influenced its people, customs and culture.

When I used to visit Japan for business or with work, one of the things that would leave an impression on me was the country's human and personal relationships. It was when I had to spend three years of my life there due to work when I really started discovering all the differences that exist between their and the occidental customs.

First of all, you had the whole etiquette and protocol associated with the business world, which doesn't resemble the occidental one at all! For example, giving or receiving a business card from somebody needs to be done using both hands. Japanese people work really hard during exhausting working days that are many hours long and very intense. Some even miss the last train home and end up sleeping in one of the capsule hotels, which you can find in the big cities! In these hotels you don't pay for a room, but for a capsule, a bed very near others but private. I didn't like the idea whatsoever.

Secondly, there was the whole culture with regards to food and cooking. For Japanese people, food is a true and complete ritual. You will appreciate this if, when you go to Japan, you are able to enjoy a tea ceremony or a kaiseki meal, which is the Japanese haute cuisine. In Japan, one should never stick the chopsticks in the rice, as this is a funerary rite. You should also be very polite; for example, when eating with someone, always fill the other person's glass first, and wait for that person.... to fill yours!

Lastly, there were all the family and personal relationships, dating girls, etc. Usually, these are the most complicated types of relationships in all cultures, right? Well, in Japan, even more so!

Japanese people are very kind, inviting and welcoming; to extreme levels. I once got lost and a man walked with me for around two kilometres until reaching the closest bus stop, located in the opposite direction to where he was going! However, their social groups are quite private and closed, and it's not easy becoming friends with them.

Not to mention going out with a Japanese girl... Japanese women are timid and, generally, they don't speak to strangers. They are very vain: they love looking after themselves, and they do so to extremes that borders on madness. For example, a lot of them are covered from head to toe to protect themselves from the sun and preserve their traditional and natural white skin tone.

The woman's role in Japanese society is extremely odd to a foreign visitor. Japanese women are modern, as I was saying: they look after themselves, they have gone to university and they go out with their girl-friends and boy-friends. However, it is expected of them to be modern women just for "a certain period of time". Which means: until they get married. Once they get married, Japanese people believe the woman's role should be looking after the house and family, referring to her children and husband.

In Japan, family is also revered and respected, and therefore women also look after the elderly: the grandparents, from both her and her husband's sides. Due to the progressive ageing of its population, the number of elderly people has increased; they are respected, but they pose a problem to these young women that look after their families.

Japanese men have a great responsibility on their shoulders: looking after their families, making sure they have everything they need and, above all, trying to climb the corporate ladder within their companies, in order to earn more money and honour as workers.

However, a lot of women are trying, little by little, to change these roles. They try to lengthen their professional lives. It is normal because the common thing is for them to hold very interesting positions in their companies. They are also as disciplined and hard-working as their male colleagues. Nonetheless, this is not reflected in their salaries, because they on average earn 66% of what a man would earn. I think this is very unfair.

How serious and difficult it all seems! Right? Still, I managed to go out with a few Japanese girls. Typical dates in Japan, when going out with a girl include a quick bite out, picking from the many available choices around. Needless to say: you always have to get the bill. Again, the role of the male is to prove that he can give the woman everything she needs.

There are many options for a date in Japan. It is a country full of places dedicated to leisure and fun. If you live in a city, like most Japanese people do, you will find even more of these places. Japanese cities are really huge. For example, in Tokyo alone, the population is nearly the same as in the whole of Spain. Incredible, right?

To bring a girl out to have some fun in Japan, the best thing is to take it slowly during the first few dates and, above all, to go to fun places with a lot of people. Otherwise, girls could feel a bit overwhelmed, or turn very timid. Normally, it would take a few dates before being alone with her, or before taking her to a more intimate and smaller restaurant.

My favourite places were the karaoke bars and amusement arcades. They are fun places full of young people where, ultimately, you always end up making new friends. Japanese girls also find it incredibly amusing seeing a Spanish man trying to sing crazy Japanese songs. The amusement arcades are great. I practised for months to be able to go there with girls and win a lot of different gifts and stuffed toys for them! They loved that and that way I won a lot of smiles.

I never went out with a Japanese girl for too long. Ultimately, they looked for a husband and I was only in Japan for a period of time. My Japanese friends told me that things get quite serious once you meet their family. Meeting your girlfriend's parents in Japan is quite a rite in itself. You have to be very respectful, bring a little gift for the family, use a special respectful form of language, etc. Of course, this is done normally when things are very serious and you are pretty much sure you want to marry that girl.

As you can see, relationships in Japan are complicated and filled with protocols and rituals. I enjoyed my time there very much, though I also felt very relieved when I came back to my roots and customs, where I understood everything and knew how I had to behave each given time and moment.

My Erasmus in Germany

Do you like travelling? Do you like studying? In Spain - generally speaking, in all of Europe - you can combine the two things: with an Erasmus scholarship. Do you know what it is?

Erasmus scholarships are awarded by Europe, the European Union, to students from all countries. These scholarships give you a university place in another European university and a small monthly grant so that you can study in another country, a "mobility aid". Moreover, each country can pay more or less aids to its students, it depends on each state's possibilities. And the target countries often help the students, too.

Despite these aids, Erasmus grants are often not sufficient to live while you study. It's very expensive to live in a big European city like Barcelona, Paris or Berlin. Students usually get financial support from their parents in order to be able to live this experience. Some, like me, work during the Erasmus stay.

Getting an Erasmus scholarship is very hard. There are lots of students who would like to take part in the Erasmus programme, and only a few places. You have to carry out a lengthy, ponderous application process, with language tests and lots of paperwork. But if you make it, just like me, it will be an unforgettable experience.

My name is Ramon and I'm twenty-six years old. I'm finishing my medicine studies soon. I hope I will be a good doctor soon. It's my passion. I would like to help patients and to heal them. A doctor's task is very important. Hospitals and doctor's surgeries exist thanks to us. Working in hospitals is quite hard, both for doctors and nurses.

Last year I had the chance to take part in an Erasmus scholarship. At first I wanted to go to France. Why? Well, I live with my family in a place near Barcelona, France is not far away. Besides this, the language is similar to Spanish and even more similar to Catalan, which I also speak. After applying for the scholarship and doing the language tests (English, French...) I had to wait for some months. It was such a long wait! I started to buy books in French, I listened to French music and also to the French radio.

The results' day finally came. They were put up in the university's foyer. I looked for my name among the students who had received an Erasmus place for France, and I wasn't there. That was a serious blow for me! I was neither among those who had received a scholarship, nor among the substitutes... Weird... I looked at the lists once more and then I saw it: I had received a scholarship for Germany. Germany?! What should I do there?, I thought immediately.

I went to the administrative office to speak to the manager and there was no doubt: nobody had applied for Germany and, on the basis of points, it was the only one they could give me. If I didn't accept, I would probably get no Erasmus scholarship, with all the opportunities which were related to it. Once at home, my parents and sister encouraged me to go on. Germany was an economically strong country, perhaps with a difficult language, but I would surely have the chance to learn a lot there. So after that summer I flew to Berlin to start my academic year in Germany. The fact that my colleagues attended lessons and courses in English helped me a lot.

The first weeks were really tough for me. I didn't understand neither the people on the street nor my colleagues and the days got shorter and shorter. But soon came a moment which changed my life: the Oktoberfest, or the German beer festival, as we call it in Spain. It's a big festival which usually takes place in Munich, in the south of Germany and pays homage to one of Germany's main products: beer. A very likeable girl from my course invited me to travel to Munich with her and her friends and to experience the festival's atmosphere there, and I decided to accept her invitation. It was one of the best weeks in my life!

I met lots of people from all over the world, ate lots of sausages, sauerkraut, pretzels, and other German specialities... And of course I tasted some of the most exquisite beers I drank in my life. During that weekend I learnt many things in German which helped me cope with everyday life: how to order something, how to introduce yourself to new acquaintances, how to move in a city you don't know...

Greta has become one of my best friends since then, and thanks to her and her group of friends I got to know German habits from close up. Soon came the terrible, cold Berlin winter. If you live in Barcelona, it's very hard to experience temperatures of ten degrees below zero, as you can surely imagine. Moreover, thanks to Berlin's university's job board I could start a practical training in a small hospital in the city, which was specialised in the care of children affected by cancer. It was very hard for me, but I have learnt so much with those kids, I'll never forget it.

To reach my lessons and work I moved by bike, which is one of the city's most widely used means of transport. I bought an old second-hand bike in one of the weekend flea markets. It was one of Berlin's more typical things, the weekend flea market. So I organised my life little by little, and when spring came, near the last days of my Erasmus stay, I couldn't believe how fast everything had passed. I keep my friendships from there and I would like to come back there soon.

Despite everything I have learnt, I still can't pronounce many German words correctly! I attend a language school once a week not to forget the language and to practise it further. Besides that, at the weekend I meet other Erasmus students who have come to Barcelona from Germany and we have a language tandem. It's very funny and I meet more and more interesting people. So I recommend you to try an Erasmus stay, if you can. It's one of the best experiences of my life.

Recommended Books

Learn Greek - Bilingual Book
The Life of Cleopatra
by Bilinguals

Learn Greek - Bilingual Book
The Adventures of Julius Caesar
by Bilinguals

Learn Greek - Bilingual Book
Vercingetorix vs Caesar
The Battle of Gaul
by Bilinguals

This book is part of the Learn Greek - Parallel Text Series:

Learn Greek - Parallel Text
Easy Stories

Learn Greek II with Parallel Text
Short Stories

All Rights Reserved
ebook Edition
Copyright © 2015 Polyglot Planet
Text: Martina Nelli, David King, Andrew Wales, Maria Rodriguez
Editors: Michael Sullivans, Julia Schuhmacher,
Illustration: © lilligraphie (mod) / Fotalia.com
© Olesha / Depositphotos.com
Website: www.polyglotplanet.ink
Email: polyglot@polyglotplanet.ink

Printed in Poland
by Amazon Fulfillment
Poland Sp. z o.o., Wrocław